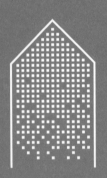

차트가 보이고
종목이 읽히는
첫 주식
투자 공부

차트가 보이고
종목이 읽히는
첫 주식
투자공부

2020년 3월 11일 초판 1쇄 발행
2025년 1월 22일 초판 8쇄 발행

지은이 | 유지윤
펴낸이 | 이종춘
펴낸곳 | ㈜첨단

주소 | 서울시 마포구 양화로 127 (서교동) 첨단빌딩 3층
전화 | 02-338-9151
팩스 | 02-338-9155
인터넷 홈페이지 | www.goldenowl.co.kr
출판등록 | 2000년 2월 15일 제 2000-000035호

본부장 | 홍종훈
편집 | 주경숙, 신정원
전략마케팅 | 구본철, 차정욱, 오영일, 나진호, 강호묵
제작 | 김유석
경영지원 | 이금선, 최미숙

978-89-6030-547-2 13320

BM 황금부엉이는 ㈜첨단의 단행본 출판 브랜드입니다.

황금부엉이에서 출간하고 싶은 원고가 있으신가요? 생각해보신 책의 제목(가제), 내용에 대한 소개, 간단한 자기소개, 연락처를 book@goldenowl.co.kr 메일로 보내주세요. 집필하신 원고가 있다면 원고의 일부 또는 전체를 함께 보내주시면 더욱 좋습니다.
책의 집필이 아닌 기획안을 제안해주셔도 좋습니다. 보내주신 분이 저 자신이라는 마음으로 정성을 다해 검토하겠습니다.

차트가 보이고 종목이 읽히는

첫 주식 투자 공부

유지윤 지음

BM 황금부엉이

과연 개인이 주식투자로
돈을 벌 수 있을까?

주식투자에서 가장 중요한 게 무엇일까요? 기업분석, 아니면 기술적 분석도 구인 차트를 열심히 보는 걸까요? 그도 아니면 수급의 주체인 외국인이나 기관, 또는 세력의 움직임을 찾는 걸까요? 아마 주식을 좀 해본 사람들은 다 중요하다고 할 것입니다.

그러나 개인투자자에게 같은 질문을 한다면 다른 대답이 나올지도 모릅니다. 기업분석과 차트분석을 아무리 잘하고, 수급 주체들의 움직임을 누구보다 잘 파악해도 돈을 벌지 못한다면 아무 소용이 없으니까요. 국가는 주식을 매매할 수 있는 시장을 빌려주고 거래세를 걷어 갑니다. 외국인과 기관은 주식투자 방법을 개인들에게 가르쳐주고 투자를 유도합니다. 그러나 개인은 주식시장에서 남 좋은 일만 시키다 패가망신하고 주식시장을 떠나기 일쑤인 게 현실입니다. 주식투자를 너무 만만히 본 결과이기도 하지요.

그래서 주식투자 최고의 화두는
'과연 내가 주식투자를 해서 돈을 벌 수 있을까?'지만,

주식투자 최고의 가치는
'내가 주식투자로 돈을 버는 것!'입니다.

주식투자에서 돈을 벌지 못하면 어떤 것이든 아무 소용없는 헛수고에 불과하다는 것을 명심해야 합니다. 이 정의에 동의한다면 근본적인 질문부터 다시 시작합시다. 과연 개인이 주식시장에서 돈을 벌 수는 있는 걸까요? 그동안 엄청난 손해를 보았지만 여전히 많은 개인들이 주식시장에 머무는 이유는 재테크로 큰돈을 벌기에 주식시장만 한 곳이 없다고 생각하기 때문입니다.

'재테크' 하면 언뜻 떠오르는 부동산은 큰돈이 있어야 시작할 수 있고, 누가 봐도 오를 만한 땅은 이미 임자가 있어 접근하기 어렵다는 게 상식입니다. 대한민국을 '부동산 공화국'이라고도 부를 정도로 땅 전문가들이 넘치는데 그렇게 좋은 땅이 초보자들 가져가라고 기다리고 있다는 건 말이 안 되죠. 운 좋게 그런 곳을 만난다 해도 더 큰 문제는 돈입니다. 매입한 후에도 당장 현금으로 돌릴 수 있는 것이 아니라 충분한 이익이 날 때까지 묻어야 하기 때문에 여윳돈 역시 필수입니다. 이래저래 서민들에게 만만한 재테크 수단이 아니라는 것이죠.

반면 주식은 적은 돈으로 언제든 접근할 수 있습니다. 주식에 눈을 돌리는 사람들 대부분이 부동산 투자에 나설 만큼 여유자금이 많지 않거나 당장 활용할 수 있는 부동산 지식이 부족할 것이라 생각합니다. 부동산과 주식이 아니더라도 찾으면 다른 재테크 수단이야 있겠지만 쉽지 않으니 결론은 주식인 게 현실입니다. 그래서 '개인이 정말 주식시장에서 돈을 벌 수 있을 것인가?'라는 질문이 중요한 겁니다. 이에 대한 답을 찾으려면 지난 25년 동안 대한민국 주식시장이 어떻게 변했는지를 알아볼 필요가 있습니다.

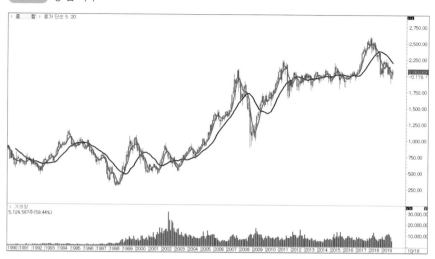

30년 동안 수많은 대박과 쪽박이 있었습니다.
기회는 계속 옵니다. 한 번만 잡으면 계좌잔고가 달라집니다.
하지만 진짜 그럴까요?

　1990년부터 2019년까지의 종합지수 흐름입니다. 지금은 2,000포인트가 넘지만 1998년에는 종합지수가 500포인트 밑이었던 때도 있었습니다. 이후 지수가 오르기 시작하더니 2,500포인트를 넘기까지 합니다. 전체적으로는 지수가 계속 올랐으니 주식투자자는 모두 큰돈을 벌었어야 정상이지만 실제로는 쪽박을 찬 사람이 더 많습니다. 왜 그럴까요?

　차트를 잘 보세요. 종합지수가 한 번에 올랐나요? 아니죠? 오르락내리락하는 것이 롤러코스터 같습니다. 전 재산을 들고 롤러코스터에 올라탔다고 생각해보세요. 큰 파동부터 작은 파동까지 전부 돈이고 한 번이라도 제대로 타면 큰 이익을 얻겠지만, 한 번이라도 잘못 타면 인생 망치는 겁니다. 불행히도 개인은 이 쪽박행 열차를 탄 사람들이 더 많습니다. 이는 개인이 대박행 열차를 타기가 쉽지 않으며, 주식이 만만하지 않다는 것을 보여줍니다.

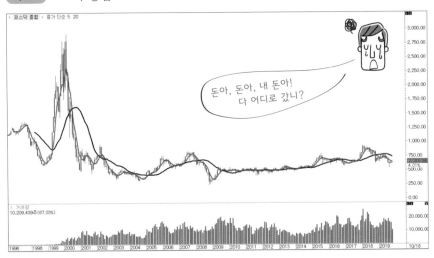

  개인투자자들이 많이 몰리는 코스닥도 보겠습니다. 코스닥 흐름을 살펴보니 코스피와는 다른 모습이네요. 벤처 광풍으로 지수가 폭등한 이후 힘을 못 쓰고 있습니다. 다들 아는 것처럼 90년 말에 코스닥 광풍이 있었습니다. 그때 코스닥에 들어가 물렸던 사람들은 말 그대로 '죽음'이었습니다.

  매도할 틈도 없이 순식간에 다 날리기도 하고, 해외 나갔다 왔는데 벼락부자가 된 사람도 있었지요. 이런 일이 너무 흔한 때였습니다. 코스닥 광풍 때 큰 손해를 본 사람도 있지만 코스닥 상장기업의 CEO들 중에는 '코스닥 부자'라고 불리는 신흥부자들이 속출하기도 했습니다. 이들은 날이면 날마다 고급술집에서 살았다고 하던데요. 실적 하나 없는 기업이 대기업 부럽지 않은 시가총액을 가졌던, 정말 미쳤다고밖에 할 수 없는 시기였습니다.

차트3 삼성전자

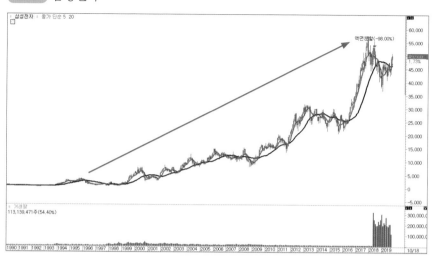

개별종목도 한 번 살펴보겠습니다. 차트 3은 대표기업으로 성장한 삼성전자입니다. 지금은 액면 분할되어 금액이 다르지만 1998년에 3만 원대였던 것이 2018년에는 200만 원을 돌파했습니다. 월급쟁이로 20년을 벌어도 내 집 마련이 쉽지 않은데 삼성전자 주식을 가지고 있었다면 수십 배를 번 것이죠. 당시 삼성전자 주식을 3천만 원 정도 매수했다면 현재 20억입니다. 3억을 넣었다면 200억이죠. 200억이면 고층아파트의 상징인 타워팰리스에 살면서 지하주차장에 식구 수만큼 수입차를 놓고 살아도 됩니다. 한국에서 부자로 행세하려면 50억은 있어야 한다고 하던데 200억이면 대한민국 상위 1%네요.

이렇게 크게 상승한 종목도 있지만 그 반대인 경우도 있습니다. 차트 4를 보면 삼성전자 차트와는 반대죠? 고점에서 매수했으면 큰 손실을 입었을 겁니다. 이런 기업을 언젠가 오른다고 생각하면서 계속 가지고 있다면 그 손실은 엄청납니다. 종합지수 파동 중에 몇 번만 제대로 올라탔다면 큰돈을 벌었을 겁니다. 아니 한 번만 제대로 흐름을 탔어도 자식교육은 물론 노후까지 해결됐겠죠. 왜 대부분의 개인은 그 한 번의 흐름도 제대로 타지 못하고 손해를 봤을까요?

차트4 KT

아마 개인투자자 대부분은 청개구리처럼 꼭대기에서 주식을 샀을 겁니다. 주식이 뭔지, 주식시장의 원리가 어떤 것이지, 주식의 흐름에 대해 아무것도 모른채 누가 주식에서 돈을 벌었다거나 정부가 주식을 사는 게 애국이라고 하니 주식시장에 뛰어들었을 겁니다. 온갖 더러운 꼴을 겪으며 모은 귀한 돈을 들고 증권사에 찾아가 고점인 주식을 사달라고 했을 것이고, 증권사는 인심 쓰는 척하며 이 종목 저 종목 사라고 유혹했겠죠.

주가가 바닥일 때 매수했다면 큰돈을 벌었을 것입니다. 주가 꼭대기에서 기업가치가 최고라고 외치는 종목이 아니라 미래의 일인자를 꿈꾸며 바닥에서 기는 종목을 골라야 했던 것이죠. 그러나 미래가치를 지닌, 주가가 바닥에 있는 종목을 개인이 쉽게 알 수 없는 것은 예나 지금이나 똑같습니다.

수급적인 측면에서 보면 누군가가 끝없이 하락하고 있는 주식을 사줘야 바닥이 형성되는 것인데 흩어져 있는 개인이 바닥을 만들 수는 없으니까요. 그렇다면 개인이 아닌 누군가 큰돈을 가진 자가 주식시장에 들어와야 한다는 것이죠. 주가가 끊임없이 하락할 때마다 뭉칫돈을 들고 들어왔던 자들은 외국인들입니다. 이들은 세계 최고 명문대 출신들로 난다 긴다 하는 두뇌들을 뽑아 최첨단 금융기법으로 무장하고, 대한민국 주식시장에 뭉칫돈을 들고 들어옵니다. 끊임없이 하락하는 주식을 이들이 사주니 주가가 하락을 멈추고 바닥을 형성하게 됩니다. 개인들은 이때가 바닥인 줄 모릅니다. 고점에서 사서 큰 손해를 본 상황이라 그 공포감에 조금만 반등해도 팔 생각만 하지 매수는 꿈도 꾸지 못합니다.

바닥이 형성되고 시장에 쏟아지고 있는 주식을 이들이 계속 사들이자 주가는 드디어 하락을 멈추고 오르기 시작합니다. 이때 개인들에게 이들은 복음이요, 구세주입니다. 쓰레기 같은 주식을 사준다고 하니 조금이라도 손해를 덜 보려고 얼른 내다 팝니다. 내가 샀던 가격까지 오르길 기다리고 싶지만 다시 떨어질지 모른다는 불안감에 팔게 되는 것이죠. 쓰레기 같은 주식을 외국인이 사들이니 고맙기도 하고 멍청한 놈들이라는 생각도 듭니다. 저 주식을 사다 무엇을 할 것인지 걱정도 해줍니다. 그러나 조금만 지나면 다시는 그 가격에 자신이 판 주식을 살 수 없다는 것을 알게 됩니다. 쏟아져 나오는 물량을 외국인이 모조리 사들이면 주가는 탄력을 받아 상승하기 때문입니다.

이때부터 주가가 이제 바닥을 찍었다는 말이 나오기 시작합니다. 주식을 일찍 처분한 사람들은 후회하며 다시 증권사와 각종 금융기관에 돈을 맡깁니다. 또 이때부터 기관들이 매수에 들어갑니다. 돈이 들어오기 시작한 기관들은 광고에 연예인들을 동원하고 주가가 1,000포인트를 넘어 2,000포인트까지 간다고 요란을 떨기 시작합니다. 그러면 시중에 떠돌고 있는 자금들이 대거 증시로 몰리게 됩니다. 주가는 더욱 상승하고 꼭지 부분까지 다다르면 증권사에 아기 엄마와 어부들, 그리고 농부들이 출연하지요. 그래서 증권사 광고에 연예인이 나오거나 증권사에 어부가 등장하면 주식을 처분하라는 얘기가 생겼습니다.

증권사는 외국인을 위해 열심히 유명 연예인을 동원해 광고를 해줍니다. 증시에 들어올 돈이 다 들어왔다고 생각하면 외국인들은 바닥에서 매수한 물량을 처분하기 시작합니다. 증권사는 더 오를 것이라고 연일 떠듭니다. 그러나 외국인이 바닥에서 매집한 막대한 물량을 처분하면 주가는 상승세를 멈추고 조금씩 하락하기 시작합니다. 기관은 조정은 곧 끝나고 상승할 것이라며 계속 매수를 권하지만 매수한 가격에 오면 우선 자신들부터 열심히 매도하기 시작합니다. 결과적으로 고점에서 매수한 개인들만 엄청난 손실을 입고 다시 주가는 크게 하락합니다.

엄청난 돈을 번 외국인들은 다시 매수에 들어갑니다. 이 일을 대한민국 증시에서 몇 번 반복하다 보니 개인들은 거지가 됐습니다. 이제는 개인들이 하도 당해서 조금은 더 능동적으로 대응하고 있지만 현실은 여전히 어렵습니다. 이런 구조 안에서 개인이 망하지 않으려면 투자방법을 바꿔야만 합니다. 사실 개인 투자자가 주식에서 돈을 버는 방법은 간단합니다. 그런데 이런 식으로 계속 돈을 잃다 보니 간단한 것을 버리고 자꾸 어렵고 새로운 것만 찾습니다. 개인들이 주식에서 손해 보지 않고 돈을 벌기 위해서는 마음가짐이나 매매방법을 단순화시킬 필요가 있습니다.

주식시장은 엄청난 위험과 대박이 상존합니다. 어느 쪽을 선택하느냐는 전적으로 여러분의 결정에 달려있습니다. 저는 처음 시작하는 여러분에게 대박의 길을 알려주지는 않습니다. 그러나 대박은 아니더라도 소박 정도는 잡을 수 있는 길을 제시하고자 합니다. 최소한 쪽박에서 조금이나마 멀어지는 길을 제시할 작정입니다. 그럼, 시작해보겠습니다.

유지윤

차 례

2장 차트, 기술적 분석을 위한 절대 기초 8가지

3장 차트 매매의 기본

1. 전저점을 알면 돈이 보인다 - 전저점 매매

2. 전고점을 알면 돈이 보인다 - 전고점 매매

5장 이동평균선 매매

6장 반드시 이기는 매매는 따로 있다!

2. 세력주 눌림목 매매

부록 연습만이 살길이다!
종목별 실전 투자분석 & 연습문제 • 295

1장

주식투자,
알 건 제대로 알고
덤벼야 한다

◆ 1 ◆
초보투자자에게 한 종목에만
집착하라고 말하는 이유

▲▲▲▲▲▲▲▲

"대한민국에 얼마나 많은 종목이 있는데 한 종목만 매매하라니 너무한 거 아니오? 개인이라고 무시하나 본데 나도 주식물 좀 먹어 본 사람이오."

한 종목에만 집중하라고 하면 이렇게 말하는 사람도 있습니다. 과연 한 종목만 매매해도 돈을 벌 수 있는지는 확인해보면 간단히 해결될 일입니다.

결론부터 말하면 이것저것 손대는 건 잘못된 방법입니다. 문제는 잘못되었다는 것을 알면서도 반복하는 개인들이 너무 많다는 것입니다. 이것이 주식시장의 신기루입니다. 왼쪽에 물이 보여 갔더니 모래뿐이고, 오른쪽에 물이 보여 갔더니 역시 모래여서 결국에는 지쳐 죽고 마는 것이죠. 왔다 갔다 하는 사이에 계좌의 돈은 서서히 말라버리게 됩니다. 물론 말 그대로 반드시 한 종목만 매매하라는 것은 아닙니다. 매매 종목을 단순화시키고 집중하는 것이 주식시장에서 성공할 수 있는 첫 번째 길이라는 것만 명확히 하면 됩니다.

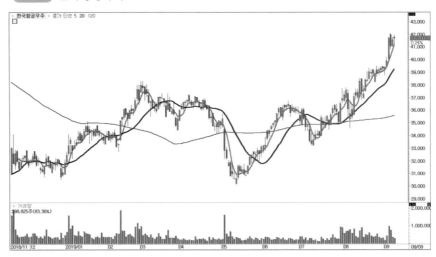

 한 종목만 매매했을 때 가장 유리한 점은
종목 특성을 명확히 알 수 있다는 것입니다.
그 종목에 대해 잘 알고 있으니 흐름 파악에 큰 도움이 됩니다.

차트 1의 종목은 주가가 상승하다 1개월 정도 하락하고 다시 4개월 넘게 상승합니다. 앞으로 배울 기법을 적용만 해도 돈을 벌 수 있지요. 돈이 생길 때마다 삼성전자를 땅 사듯이 샀다는 사람도 있지만 실제로 그렇게 하기는 힘들고 간단한 기술적 분석이나 장세 파악만으로 사고팔았다 해도 큰 수익을 남겼을 것입니다.

오히려 한 종목만 매매했을 경우 그 종목에 대한 특성이나 움직임을 세밀하게 파악할 수 있어 투자에 성공할 확률이 대단히 높아집니다. 한 가지 일만 제대로 해도 성공할 수 있듯이 주식도 한 종목만 제대로 분석할 수 있으면 돈을 벌 수 있습니다.

차트2 하이트진로

차트 2에서는 3번의 상승파동이 있습니다. 1년 동안 이 종목만 매매했어도 돈을 벌 기회가 3번은 있었다는 것이죠. 그러나 이 기회를 제대로 잡은 사람이 얼마나 될까요? 대부분의 주식투자자는 단기간에 엄청난 돈을 벌겠다는 환상에 사로잡혀 있습니다. 주식을 하다 보면 상한가 종목이 하루에도 수없이 쏟아지니까 눈이 돌아갑니다. 금방 부자가 될 것 같지만 환상은 곧 깨집니다. 자신도 모르게 크게 벌 수 있는 종목을 찾아 이성을 잃게 되고, 돈이 된다고 하면 우르르 몰려다니니 될 리가 없습니다. 또 내가 매수한 종목만 안 오르는 일도 생깁니다. 그럴수록 더 마음만 급해져 이 종목 저 종목 헤매다가 결국에는 어떤 종목에서도 이익을 얻지 못하는 일이 발생합니다. 오랜 주식투자 경험이 있어도 마찬가지입니다.

• 2 •
대박 나는 세력주?
개살구니 버려라!

▲▲▲▲▲▲▲▲

한 종목만을 고르되, 이제 어떤 종목을 골라야 하는지 종목을 고르는 방법에 대해 알아보겠습니다. 먼저 세력주 얘기를 해볼까요? 개인이라면 일단 세력주는 포기해야 합니다. 엄청난 대박을 터뜨리는 종목들 대부분이 세력주였던 것은 사실입니다. 큰돈을 가진 자들이 모여 주식을 통해 돈을 벌 모의를 하고 종목을 선택합니다. 물량을 매집한 후 자신들이 원하는 만큼의 시세를 만듭니다. 그다음 '욕심에 사로잡힌' 개인들에게 자신들의 물량을 던지고 유유히 사라지는 게 세력주의 전형입니다.

개인이 세력에게 돈을 잃었는데 왜 '불쌍한' 개인이 아니라 '욕심에 사로잡힌' 개인이라고 할까요? 저점에서 크게 상승한 종목이라고 냅다 사는 사람들이 제대로 된 투자자며 불쌍한 개인이겠습니까? 세력주라는 것을 뻔히 알면서도 매수하는 개인들이 돈을 잃는 것은 당연한 일입니다. 재미있는 것은 개인들이 세력주에 들어갈 때는 큰돈을 벌려는 게 아니라 고점에서 조금 더 상승할 가능성이 있으니 조금이라도 먹어보겠다는 마음으로 들어간다는 것이죠.

차트3 에이치엘비생명과학

악재에 의해 폭락하고 호재에 의해 급등합니다. 종잡을 수 없는 종목이지요. 큰 기대감으로 매수했다가 폭락을 견디지 못하고 매도한 투자자는 얼마나 가슴이 쓰리겠습니까? 주식투자에서 선택이 얼마나 중요한지 보여주는 종목이라고 할 수 있습니다.

본인들도 이 사실을 잘 알고 세력이 던지는 부스러기를 먹으려고 세력주를 매매합니다. '세력주를 저점에서 잡으라'는 말도 합니다. 그러나 말이 쉽지 세력주를 저점에서 잡는 게 쉬운가요. 하루 종일 주식만 하는 전문가들도 잡기 어려운 게 세력주입니다. 세력주란, 주식에서 큰돈을 벌었다는 말에 혹한 개인들을 끌어모으기 위한 미끼 같은 것이라고 보면 정확합니다.

주식시장에서는 자신만의 매매방법으로 착실하게 매매하다 잡은 종목이 우연히 세력주가 될 때 수익을 얻을 수 있는 겁니다. 세력주만 매매하겠다고 작정하고 종목을 찾아도 당신 손에 들어올 리 없으니 포기가 답입니다. 이런 세력주는 과거 속에 사라진 줄 알았는데 최근에도 속출하네요. 위 종목을 매수하여 수익을 낸 투자자가 얼마나 될까요? 주식에 대한 환상만 심어주는 헛된 종목입니다.

•3•
거래량이
적은 종목은 쓸데없다

▲▲▲▲▲▲▲▲

　상장되어 있는 종목들을 잘 살펴보면 거래량이 하루에 1만 주가 안 되는 종목들이 널려 있습니다. 1천 원대 주식의 하루 거래량이 1만 주 내외인 경우도 있습니다. 매매할 수 있을까요? 개인투자자의 접근을 허락하지 않는 종목입니다. 거래량 없는 종목이 세력주가 될 가능성이 있다는 말에 흔들려 거래량 없는 종목을 매수하는 분은 없으리라 믿고 싶습니다.

　차트 4의 호가창을 보면 매수 잔량이 8천 주가 안 됩니다. 장중에 몇 주씩 체결됩니다. 만약 이 종목을 매매한다고 생각해보세요. 원하는 가격에 제대로 매수하기도 힘들지만, 매도는 어떻게 할까요? 만약 이런 물량을 많이 보유하고 있다면 매도가 일이 됩니다. 따라서 이런 종목은 관심을 가질 필요가 없습니다.

　차트 4를 보면 하루 거래량이 1,000주를 넘지 못하고 있습니다. 거래량 중 제일 많은 날이 6,090주입니다. 주당 1만 원대 주식도 아닙니다. 3천 원도 안 됩니다. 거래하겠다고 호가마다 걸려 있는 물량이 얼마나 되는지 확인하면 답이 나옵니다.

호가창

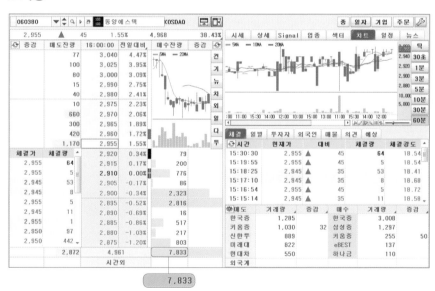

주식투자, 알 건 제대로 알고 덤벼야 한다

◆4◆
나만의 상장종목이 내 재산이다
언제나 통하는 종목 선택 방법

▲▲▲▲▲▲▲▲

　세력주도 안 되고, 거래량이 적은 종목도 안 된다면 어떤 종목을 골라야 할까요? 현재 대한민국에 상장되어 있는 종목은 2천여 개입니다. 상장과 폐지가 반복되지만 대략 이 정도가 유지된다고 생각하면 되는데, 2천여 개의 종목을 개인투자자가 일일이 살펴보기란 어렵습니다. 초보투자자라면 말할 것도 없지요. 이 중 자신이 매매할 수 있는, 자신에게 맞는 종목들을 찾는 것이 우선입니다. 자신만의 주식시장을 만들어 상장종목을 선정하는 거죠.

　종목을 선정할 때는 충분히 까다로워져도 됩니다. 이 종목은 거래량이 너무 적어서 제외, 이 종목은 너무 고가라서 제외, 이 종목은 너무 저가라서 제외, 이 종목은 부실주라서 제외, 이 종목은 관리종목이니 제외, 이 종목은 움직임이 너무 적으니 제외! 이런 식으로 제외해 나가면 종목이 확 줄어듭니다. 초보투자자에게 제시하는 기준은 다음과 같습니다.

> **★ 종목 선정의 기준**
>
> 1. 초 고가주에 거래량도 적은 종목 제외
> 2. 1,000원 미만 종목 제외
> 3. 관리종목 제외
> 4. 하루 거래량이 10만 주 미만인 종목 제외
> 5. 부실한 기업 제외
> 6. 단, 제외되는 종목 중 특별히 관심 있는 종목은 추가!

이것을 기준으로 뽑아보면 500종목 내외가 될 것입니다. 무려 1,500개의 종목이 사라졌습니다. 매매하기 적당하지 않은 종목이 이렇게나 많습니다. 제외된 종목 중 특별히 자신의 기준에 맞거나 시중의 관심주로 떠오르면 다시 자신만의 주식시장에 상장하는 것이죠. 500종목이면 개인들도 충분히 검토할 수 있습니다. 참고로 저는 500종목도 보지 않습니다.

혹시 나머지 1,500종목에서 급등주가 나오고, 그걸로 돈을 벌 수 있는데 기회를 놓치는 건 아닐지 걱정되십니까? 생각해보세요. 자신이 추린 500종목은 대한민국 주식시장에서 제일 괜찮다고 판단한 것들입니다. 대한민국에서 제일 좋다고 선택한 종목에서 돈을 벌지 못하는데 나머지 종목에서 돈을 번다는 게 가능할까요? 그게 성실하고 온전한 종목일까요? 초보투자자는 급등주는 생각하지도 말고 노리지도 말아야 합니다. 대부분의 급등주는 초보 여러분에게 잡을 기회를 주지 않습니다. 오히려 위험한 종목을 쳐다보다가 계좌가 거덜날 수도 있습니다.

주식투자, 알 건 제대로 알고 덤벼야 한다

코드	종목명	현재가	전일대비	등락틀 /	거래량	L일H
☑ 246720	아스타	5,970	↑ 1,375	29.92 %	234,641	
☑ 014970	삼륭물산	12,200	↑ 2,790	29.65 %	2,651,884	
☑ 041190	우리기술투자	3,205	▲ 585	22.33 %	55,334,888	
☑ 200230	텔콘RF제약	6,100	▲ 1,020	20.08 %	19,473,807	
☑ 007390	네이처셀	10,550	▲ 1,690	19.07 %	25,567,892	
☑ 036120	SCI평가정보	2,525	▲ 345	15.83 %	18,876,467	
☑ 300120	라온피플	17,600	▲ 2,100	13.55 %	4,310,877	
☑ 085670	뉴프렉스	2,345	▲ 275	13.29 %	12,638,478	
☑ 073570	W	11,200	▲ 1,200	12.00 %	527,329	
☑ 012600	청호컴넷	2,855	▲ 305	11.96 %	665,580	
☑ 052260	SK바이오랜드	15,200	▲ 1,500	10.95 %	3,078,890	
☑ 067730	로지시스	3,925	▲ 380	10.72 %	1,269,348	
☑ 267260	현대일렉트릭	11,400	▲ 1,100	10.68 %	317,258	
☑ 007660	이수페타시스	4,555	▲ 435	10.56 %	5,660,837	
☑ 115440	우리넷	15,050	▲ 1,350	9.85 %	13,379,958	
☑ 004710	한솔테크닉스	7,600	▲ 680	9.83 %	1,985,613	
☑ 088290	이원컴포텍	6,310	▲ 560	9.74 %	736,311	
☑ 147760	마이크로프랜드	5,260	▲ 450	9.36 %	3,108,742	
☑ 241520	DSC인베스트먼트	3,250	▲ 275	9.24 %	932,814	
☑ 011790	SKC	44,800	▲ 3,700	9.00 %	547,251	
☑ 115450	지트리비앤티	23,300	▲ 1,900	8.88 %	767,533	
☑ 082270	젬백스	20,550	▲ 1,650	8.73 %	974,982	
☑ 060570	드림어스컴퍼니	5,510	▲ 430	8.46 %	685,632	
☑ 247540	에코프로비엠	52,300	▲ 4,050	8.39 %	369,893	
☑ 032350	롯데관광개발	12,800	▲ 950	8.02 %	2,334,840	
☑ 031980	피에스케이홀딩스	7,720	▲ 570	7.97 %	137,389	
☑ 053450	세코닉스	6,840	▲ 500	7.89 %	225,825	
☑ 065620	제낙스	4,325	▲ 315	7.86 %	559,363	
☑ 137400	피엔티	7,000	▲ 500	7.69 %	1,209,508	
☑ 122640	예스티	10,850	▲ 750	7.43 %	343,067	
☑ 161580	필옵틱스	9,550	▲ 650	7.30 %	1,445,453	
☑ 178780	유테크	2,500	▲ 170	7.30 %	414,229	

▶ 종목 선택 비법: 나만의 종목을 추려 관심종목으로 등록하기

이제 추려낸 종목을 관심종목에 등록시킵니다. 자신이 뽑은 종목을 관심종목에 올려놓으면 효과적인 종목 관리와 함께 종목을 찾아 열심히 HTS를 돌릴 필요가 없습니다. 요즘은 조건식으로 종목을 뽑아 매일 종목을 돌려보는 게 효과적입니다. 본인이 초보이거나 500종목도 많다고 생각된다면 200종목, 100종목,

50종목으로 줄여도 좋습니다. 100종목으로 줄이면 무려 1,900여 개의 종목이 사라지게 되니까요.

종목을 확 줄이면 어느 순간 추려진 종목들이 눈에 익습니다. 그러면 다른 종목을 하나 더 추가하는 식으로 종목을 늘려가는 방법도 좋습니다. 종목들을 많이 안다고 그 종목들이 여러분을 부자로 만들어주는 게 아닙니다. 당신을 부자로 만들어줄 종목은 기다림 끝에 선택된 몇몇 종목이라는 것을 기억하세요.

이렇게 종목을 추리고 나면 일단 마음이 편해집니다. 혹시 '내가 고른 종목은 안 오르고 다른 종목이 오르면 어떡하나?' 하는 조급함이 생기거나 종목을 늘리고 싶은 유혹이 든다면 자신이 주식중독증에 빠져 있다고 판단하고 심리적인 안정을 취할 필요가 있습니다. 이런 주식중독에서 벗어나면 대단히 홀가분하고 마음도 편해집니다. 심리게임인 주식시장에서 일단 50%는 먹고 들어가는 것이죠. 주식시장에서 욕심은 조기퇴출의 지름길입니다. 언제까지 일할 수 있을지도 불안한데 재테크로 선택한 주식시장에서까지 퇴출당한다면 남은 인생에서 부자가 되는 일과는 아주 멀어집니다. 나이 많은 사람까지 써주는 사회가 아니지 않습니까? 조급함은 개인에게 아주 위험하다는 것을 깨달아야 합니다. 정말 당신을 부자로 만들 종목은 몇 종목 안 된다는 것을 기억하세요.

◆5◆
수익 4,650%?
투자대회의 진짜 비밀
▲▲▲▲▲▲▲▲

종목 고르는 법을 배웠으니 이제는 목표수익을 정해야죠. 얼마로 정할까요? 어떤 전문가는 주식투자대회에서 4,650%의 경이적인 수익으로 1등을 했습니다. 주식투자대회에서 1등을 하려면 보통 100% 이상의 수익을 올려야 합니다. 주식투자대회는 개인들에게 '나도 노력하면 이렇게 많은 수익을 올릴 수 있다'는 희망을 품게 합니다. 그러나 현실은 냉정한 법, 이런 희망이 쪽박의 시작이었음을 깨닫기까지는 오래 걸리지 않습니다. 왜 이렇게 비관적이냐고 반문할지 모르지만 비관이 아니라 현실입니다.

주식은 단지 숫자로 존재하지만 그냥 숫자가 아니라 내가 노력해서 번 돈이 실제로 움직이는 것입니다. 주식투자를 하다 보면 '오늘 이 종목을 샀으면 몇백만 원 벌었는데, 저 종목을 샀으면 얼마를 벌었겠지' 하고 상상하게 됩니다. 머릿속으로 하루에 30%는 그냥 법니다. 이런 식으로 한 달만 계산하면 원금의 몇배는 늘어나 있습니다. 그러나 명백한 착각입니다. 내 돈이라는 현실적인 개념이 사라지고 숫자로만 본 결과이기 때문입니다. 돈이 아니라 숫자라서 이성을 잃고 마구잡이로 투자하게 됩니다. 누가 몇백 %를 벌었다고 하는데 흥분하지 않을 사람이 어디 있겠습니까? 투자대회에서 큰 수익을 올린 그분들이 강연이나 책을 통해 자신들의 매매기법을 일부 공개합니다. 그대로 하면 돈을 벌 수 있을 것 같은 착각에 빠지지만 실제로는 아무도 그렇게 하지 못합니다. 왜냐하면 그분들이 하는 주식매매는 단지 설명만으로는 알 수 없는 심리적인 요인과 상황판단이 들어가 있기 때문입니다. 진짜 고수들처럼 수익을 올리는 방법은 딱 2가지입니다.

★ 고수들과 똑같이 엄청난 돈을 버는 방법
1. 초절정 고수가 매매할 때마다 여러분의 돈도 동시에 매매에 들어가게 하는 방법
2. 초절정 고수가 무슨 생각을 하고 어떻게 매매하는지 24시간 붙어 살면서 도제식으로 배우는 방법

단언컨대 이 2가지 외에 이들처럼 돈을 벌 수 있는 방법은 없습니다. 증권 강연회 백날 쫓아다녀야 소용없습니다. 정식으로 돈을 내고 이분들에게 주식투자 방법을 배운 사람들 중에서도 돈을 버는 사람은 그리 많지 않습니다. 주식으로 이들처럼 돈을 벌겠다는 환상에 빠지면 안 됩니다. 정말 따라 하고 싶다면 고수들 집에 찾아가 무릎을 꿇고 제자로 받아주기를 청해야 합니다. 제자가 된다고 돈을 번다는 보장은 없습니다. 따라서 실제로는 1번만이 정답인 셈입니다.

투자대회에 대해 얘기하자면 보통 증권사는 수익률 상위에 있는 투자자만 보여줍니다. 그래서 모두 돈을 벌고 있다는 착각에 빠지게 되는데, 실제 참가자 수익은 어떤지 한번 볼까요?

▶ 대회현황 (11/25 결제기준)

구분	총참가자수	이익실현 참가자수	손실실현 참가자수
전체	998 명	398 명	600 명
본선수동신청자	223 명	125 명	98 명
본선대회진출자	775 명	273 명	502 명

▶ 수익률 현황 (11/25 결제기준)

구분	최고 수익률	최저 수익률	평균 수익률
전체	230.80 %	-910.94 %	-13.02 %
본선수동신청자	126.29 %	-62.83 %	-1.91 %
본선대회진출자	230.80 %	-910.94 %	-16.22 %

이것은 투자대회 성적입니다. 998명이 참가하여 이익을 실현한 참가자는 398명이고, 손실을 입은 참가자는 600명입니다. 최고 수익률은 230.80%인데 최저수익률은 −910.94%입니다. 투자대회의 평균 수익률은 −13.02%입니다. 수익을 낸 투자자보다 손실을 입은 투자자가 많아 거의 60%에 달합니다.

수익률 편차가 큰 것은 선물·옵션 때문인데 손실을 입을 경우 얼마나 위험한지를 잘 보여주는 사례입니다. 보통 주식에서 손해를 봐도 자신의 투자금만 날리는 선에서 그치는데 투자대회 최저 수익률이 약 −910%라니 대체 빚이 얼마라는 얘기입니까? 실전이라면 상상하기도 무서운 악몽입니다. 결과를 보면 수익을 내는 투자자도 있지만 손해 보는 사람이 더 많고 그 액수도 엄청나다는 것을 잘 알 수 있습니다.

최근 주식에서 돈을 잃은 투자자들이 한 방을 노리고 선물·옵션에 참여하지만 주식보다 훨씬 빠른 속도로 손해를 입습니다. 결국 개인투자자는 절대로 하면 안 된다는 뜻이죠. 혹시 누가 선물·옵션 얘기를 꺼내면 신경도 쓰지 마세요. "그게 뭐가 위험해. 난 쉽기만 하던데?" 하는 분들도 있습니다. 물론 쉽습니다. 돈을 못 벌어서 그렇죠. 그렇게 쉽다면 혼자 알아서 하고 평범한 개인들을 끌어들이는 못된 짓은 하지 말기를 바랍니다.

상위 수익률을 올린 투자자는 계속 다른 투자대회에도 참가하기 때문에 투자대회마다 큰 수익을 올리는 투자자는 더욱 소수가 됩니다. 상위 1%에 내가 들어갈 수 있다는 착각을 버려야만 자기중심을 잡고 투자할 수 있다는 걸 기억하세요.

♦ 6 ♦
목표수익?
1년에 30%가 적당하다
▲▲▲▲▲▲▲▲

"1년에 30%라니, 1년에 고작 30% 벌려고 주식투자 하는 줄 아시오? 눈감고 아무 종목이나 사도 30%는 넘겠소."

이렇게 생각한다면 저는 할 말이 없습니다. 처음 주식에 투자할 때는 은행이자보다 많은 정도의 수익률을 목표로 잡습니다. 그러나 조금만 지나도 목표수익률이 1년에 100% 이상으로 상향됩니다. 아마 저처럼 30%로 잡은 분도 속으로는 수백 퍼센트를 벌고 싶다고 기대하면서 매매하고 있을 겁니다. 데이트레이딩을 하는 투자자 중에는 하루에 1%만 벌자고 다짐하는 분도 있습니다. 실제로 데이트레이딩에 관한 글이나 강의를 들어보면 목표수익률을 1%로 정하라고 말합니다. 하루에 1%씩 벌면 복리 개념을 적용하여 몇 년 후에는 수십억을 벌 수 있다는 계산이죠. 주식투자를 하다 보면 실제로 하루에 1% 정도는 쉽게 가능할 것처럼 보이기도 합니다. 여기저기서 두더지 게임처럼 상승하는 종목들이 속출하고, 자신이 잘 알고 있는 종목이라면 더 가능성이 높을 것만 같습니다. 하지만 이론은 이론일 뿐이고, 가능성은 가능성일 뿐입니다. 실제로는 쪽박으로 가는 지름길이고 환상입니다.

"그럼, 정말 1년에 30%로 만족해야 한단 말이오?"

보통 목표수익을 정할 때 '하루에 1%씩만 벌자' 혹은 '한 달에 20%만 벌자'라고 생각하는 분들이 있습니다. 그리 어려운 목표는 아닌 것처럼 느껴지겠지만 실전투자를 해보면 하루에 혹은 한 달에 얼마를 정기적으로 번다는 것이 불가능하다는 것을 알게 됩니다. 하루와 한 달로 정한 목표수익 달성은 어쩌다 한두 번일 뿐 극소수를 제외하고는 절대로 꾸준히 유지할 수 없는 목표입니다.

이것은 실전에서 입증된 사실입니다. 목표수익이 한 번 어긋하면 계속 어긋나고 그다음 날이나 그다음 달에 만회하겠다는 생각으로 실제로 벌지 못한 수익까지 더해 주식에 넣는 경우가 많습니다. 이런 계산으로 점점 무리하게 매매하다가 큰돈을 잃고 나서야 달성할 수 없는 계획이라는 것을 깨닫게 되는 것이죠.

'1년에 30%'는 심리적인 안정감을 찾기 위해 일부러 정한 것입니다. 저도 남들처럼 1년에 100%, 200% 이상 벌 수 있고 한 달에 몇천만 원까지 벌 수도 있다고 여러분들을 현혹할 수 있습니다. 30%는 돈을 엄청나게 버는 고수들이나 자신만만한 개인투자자가 보면 웃을지도 모르는 목표지만 해보면 압니다. 남을 현혹하려는 게 아닌 이상 무리한 수익률을 말할 필요가 없습니다. 주식을 처음 하거나 주식에서 현재 수익을 내지 못하고 있는 상황이라면 '내일부터 폭등하는 급등주, 하루에 얼마씩 벌면 몇 년 후에는 수억, 한 달에 얼마 벌기' 같은 말들은 모두 무시하기 바랍니다.

1년에 30%의 수익은 충분히 달성할 수 있는 수익률이라고 봅니다. 은행이자로 따지자면 10배 이상 되는 엄청난 금액입니다. 운이 좋거나 주식에 경험이 쌓이면 1년에 30% 이상 벌 수도 있습니다. 1년에 30%라고 정한 제일 큰 이유는 심리적인 안정감 때문입니다. 1년이라는 긴 시간을 갖게 되기 때문에 우선 주식을 길게 볼 수 있으며 여유가 생깁니다. 데이트레이딩이 실패할 수밖에 없는 이유는 심리적으로 쫓기고 있기 때문입니다. 늘 팽팽한 긴장감을 가지고 있으니 당장 눈앞에 보이는 것만 생각하거나 벌 때는 조금 벌고 팔고, 손해 볼 때는 크게 손해 보는 악순환을 겪게 됩니다. 심리적인 안정감을 가지고 주식을 넓게 보면 30%라는 수익은, 상승장이나 종목을 잘 고르기만 한다면 한순간에라도 달성할 수 있는 금액입니다. 목표수익을 달성한 다음에 버는 돈은 다 덤이라고 여유 있게 생각할 수 있어야 주식투자에 성공할 수 있습니다.

혹시 30%도 많다고 생각된다면 20%, 10%로 줄이고 천천히 여유롭게 주식투자를 하는 것이 좋습니다. 돈을 천천히 적게 버는 것처럼 느껴질 수 있지만 나중에 결산해보면 오히려 주식에서 돈을 버는 유일한 방법이었다는 것을 깨닫게 될 것입니다. 어떤 전문가라도 하루에 얼마, 한 달에 얼마로 정한 목표 금액을 매번 달성하지는 못한다는 것을 알아야 합니다. 초보라면 여유로운 마음으로 투자하는 것이 돈을 더 많이 벌 수 있는 가장 빠른 방법임을 전하고 싶었습니다.

주식은 심리다! 주식투자로
쪽박 찬 B씨의 속마음 풀스토리

▲▲▲▲▲▲▲▲

주식투자를 하겠다고 계좌를 열고 돈을 넣은 개인투자자가 가장 먼저 하는 일은 종목을 고르는 것입니다. 그러나 엄청나게 많은 종목 앞에서 눈만 정신없이 돌아갈 뿐 무슨 종목을 매수할지는 쉽게 정하지 못합니다. 평소 눈여겨보던 종목이 있던 것도 아니고, 있다 해도 막상 매수에 나서면 '지금 사면 손해 보지 않을까?' 싶은 생각이 듭니다. 그러다가 대충 좋아 보이는 종목을 덜컥 사거나 남의 말을 듣고 주식을 매수하지요. 이렇게 했는데도 어쨌든 돈을 벌게 되면 '주식으로 돈 벌기가 어려운 줄 알았더니 별거 아니구나' 하는 생각과 '운이 좋았다'라는 겸손한 마음으로 나뉘게 됩니다.

그러다 또 돈을 벌게 되면 이제는 완전히 '별거 아니다'라는 생각으로 돌아섭니다. 이때부터 주식이 눈에 들어오는 것 같고, 우쭐해진 마음에 이 종목은 어떻고 저 종목은 어떻고 하면서 나름의 평가를 하고 투자자금도 늘립니다. 계속 이렇게 잘 나가면 아무 문제가 없겠지만 어느 순간부터 연속적으로 실패하게 됩니다. 아직은 벌어 놓은 것도 있고 여유가 있습니다. 그러나 마음 한구석에는 한 방으로 만회하겠다는 마음이 자리 잡습니다.

이때부터 투자자금이 더욱 늘고 미수도 사용하게 됩니다. 슬슬 돈에 대해 무감각해지며 내 투자자금이 돈이 아니라 숫자로만 보이는 현상이 일어나지요. 이제 주식이 내 귀중한 자산을 걸고 하는 재테크가 아니라 그냥 포커 같은 게임으로 변합니다. 번 돈도 날리고 계좌의 잔고도 슬슬 사라지기 시작하면 정신을 차리는 것이 아니라 더욱더 몰두하면서 한 방에 복구할 수 있는 종목을 찾습니다. 그러다 어느 순간 '이대로는 정말 안 되겠다'라는 생각이 드는데 이때 계좌를 살펴보면 반토막입니다. 현재 50%의 손실이면 50%가 아니라 100%를 벌어야 본전이죠? 이제는 돈을 벌어 부자가 되겠다는 게 목표가 아니라 '어떻게 하면 원금을 회복할 수 있을까?'로 목표가 바뀌게 됩니다. 그러나 아무리 생각해도 지금 계좌에 있는 돈 가지고는 원금을 회복하기가 쉽지 않아 보이고, 회복할 자신이 있다고 해도 너무 긴 시간이 필요하다는 것을 알게 됩니다. 어느 정도 경험도 쌓였고, 이제야 겨우 주식에서 돈을 벌 수 있는 확실한 종목이 보이는데 투자할 실탄이 없다는 게 한탄스럽습니다.

그래서 돈을 있는 대로 빌려봅니다. 가족들부터 시작해 마이너스통장뿐만 아니라 신용카드에서도 빌리고 집까지 담보대출에 들어갑니다. 이것도 그나마 신용이 있어야 할 수 있는 일입니다. 우여곡절 끝에 투자자금이 모이면 마지막이라는 심정으로 본격적으로 투자에 들어갑니다. 일단 원금부터 회복하고 다시 시작하겠다는 마음이죠. 그러나 이상하게도 계좌에 돈은 쌓이지 않고 계속 제자리에 머뭅니다. 이런 시간이 조금 지나고 나면 매매 횟수가 점점 늘어나고 계좌의 돈은 다시 슬슬 말라갑니다. 종목에 대한 제대로 된 준비 없이 빨리 벌어야겠다는 초조한 마음으로 투자하는데 돈이 모일 리가 없지요. 이미 주식이 도박으로 변한 것입니다.

슬슬 손실이 발생하고 이번에도 회복 불가능한 계좌가 됩니다. 그런데 이 돈은 어떤 돈인가요? 갚아야 되는 돈입니다. 직장이라도 있다면 어떻게라도 버틸 수 있지만 매매에 집중하기 위해 직장도 그만둔 상태라면 문제가 심각합니다. 주식에서 돈을 벌 생각이었는데 주식에서 돈이 나오지 않으니 돈이 말라버립니다. 가족들이나 친척들의 돈은 안 갚고 버팁니다. 가족들에게 떵떵거리며 살고 싶었는데 이제는 가족모임에도 못 가는 신세로 전락합니다. 금융권에서 빌린 돈을 못 갚으니 신용도는 밑바닥으로 추락합니다. 가장 큰 문제는 담보로 잡힌 집입니다. 이것은 이자만 갚으면 어떻게라도 버티니 일단 일자리를 찾습니다. 20대 청년들도 일자리를 구하지 못하거나 일하는 환경이 열악하거나 연봉이 별로인 곳에 취업하는데 한 번 직장을 그만둔 40대, 50대에게 일자리가 있을 리 만무합니다. 결국은 단순용역으로 갈 수밖에요. 이자는 내야 집이 넘어가지 않으니 어쩔 수 없습니다. 주식으로 망하고 고단한 생활을 하면서도 늘 꿈꿉니다. 지금이라도 돈만 있다면 주식으로 다시 일어설 수 있다고 말이지요.

주식투자를 하는 모든 사람들이 누구나 공감하는 투자방법이 있습니다. 그러나 누구나 공감하지만 그것이 아무에게나 통용되지는 않는 투자방법이라는 것을 알아야 합니다. 몇몇 소수에게만 적용되는 것을 여러분에게 적용하면 안 됩니다. 주식 경험이 쌓인 모든 투자자가 '나는 몇몇 소수에 들어가 있다'라고 생각하는데 분명한 착각입니다. 주식시장에 들어가기 전에 '나는 절대로 몇몇 소수에 들어갈 수 없다'는 마음이 필요합니다. 몇몇 소수가 돈을 버는 방법을 따라 하면 '쪽박 찬다'라는 생각으로 절대로 이들을 따라 하지 마세요. 몇몇 소수가 가는 좁은 길로 가지 말고 돌아가더라도 안전하고 넓은 길로 가는 게 낫습니다. 그래야만 주식시장에서 살아남을 확률이 높아지니까요.

◆8◆
손절매는
진짜 정말 더럽게 어렵다
▲▲▲▲▲▲▲▲

　주식투자에 성공한 투자자들은 대부분 자신은 손절매를 잘했기 때문에 돈을 벌었다고 말합니다. 손절매를 못 하면 주식투자를 하지 말라는 말도 있습니다. 그 정도로 '손절매'는 중요합니다. 듣기 싫을 정도로 손절매의 중요성에 대해 들었을 것입니다. 당연히 손절가격 이하로 주가가 하락하면 매도하겠다는 굳은 마음으로 주식을 매수합니다. 생각은 이렇게 확고했지만 실전에서 손절매를 제대로 하는 투자자는 거의 없습니다. 말처럼 쉽게 안 되는 것이죠. 자신이 산 주식이 예상과는 달리 하락하면 팔아야겠다는 생각보다 '반등해라, 반등해라' 하며 주문을 외우게 됩니다.

　일단 자신이 산 주식이 손절매 가격까지 오면 손절매를 해야 된다는 생각과 팔고 나면 반등할 것 같다는 생각 사이에서 갈등하게 됩니다. 대부분은 이 고민을 하다가 시기를 놓쳐 큰 손실을 입거나 손실이 너무 커서 팔지 않고 그냥 들고 있는 경우가 생깁니다. 손절매를 잘하려면 자신만의 확고한 매매기준이 있어야 합니다. 아무런 매매기준 없이 남들이 좋다고 해서 매수해서는 안 되며,

매매기준을 가지고 매수했다면 그 판단에 반하는 주가 흐름이 나타날 경우 냉정하게 팔아야 합니다. 기업분석이든 기술적 분석이든 확실한 매수 근거가 있었다면 매도할 근거도 마련해야 합니다. 이것은 주식투자에 반드시 해야 되고 지켜야 할 규칙입니다. 그러기 위해서는 끊임없는 자기 암시가 필요합니다.

손절매 기회를 놓쳐 크게 손실이 나면 만회가 어렵습니다. 한 번의 손절매 기회를 놓친 것 때문에 그다음까지 굉장히 어려워진다면 낭패가 아닐 수 없습니다. 대부분의 투자자들이 한두 번의 손절매를 못 했기 때문에 손해 본 투자자금을 만회하고자 무리하게 투자하게 되고 결국은 계좌가 바닥 날 때까지 계속 끌려다니게 됩니다.

따라서 주식을 매수할 때 손절매 기준을 확실히 정하고, 내가 팔고 나서 폭등하면 어쩌나 하는 미련은 버리세요. 팔고 나서 진짜로 폭등하면 침 한 번 뱉고 잊어버리면 됩니다. 내가 산 주식이 모두 오른다는 것은 있을 수 없으므로 손절매의 순간은 반드시 오며, 주식시장에서 살아남으려면 이에 대한 기준을 세워 적용해야 합니다. 정 손절매가 어렵다면 옆에 휴대용 작두 하나씩 마련할까요? 손절매를 못 할 때마다 손가락을 하나씩 자르는 겁니다. 그러기 싫죠? 손절매 기회를 놓칠 때마다 손가락이 작두질 당한다는 생각으로 꼭 손절매를 하기 바랍니다. 손가락이 무서우면 발가락으로 생각하고, 그래도 무서우면 신발장에 발을 올려놓고 원산폭격이라도 하세요. 이렇게나 살벌하게 말할 정도로 중요합니다. 손절매가 얼마나 중요한지 감이 오나요?

2장

차트,
기술적 분석을 위한
절대 기초 8가지

1
캔들
상승전환 패턴, 하락전환 패턴

▲▲▲▲▲▲▲▲

주식계좌를 개설하면 거래를 위해 해당 증권사의 컴퓨터용 HTS를 사용하는데, 차트 모양이나 기능은 증권사마다 조금씩 다르지만 대부분 비슷하니 자신이 개설한 증권사 시스템을 잘 이용하면 됩니다.

차트가 나타나면 여러 가지 모양의 크고 작은 사각형과 곡선, 막대그래프 등 복잡합니다. 그러나 이 차트에서 여러분이 챙길 것은 딱 3가지뿐입니다. 이 3가지 요소를 어떻게 해석하느냐에 따라 부자가 될 수도 있고 투자금을 잃을 수도 있습니다. 그러니 차트 분석하는 법을 잘 배워야 합니다. 앞으로 주식투자를 하다 보면 매일 차트를 보게 될 것이고, 그만큼 활용도가 높은 것이 바로 기술적 분석의 기초가 되는 차트니까요.

차트, 기술적 분석을 위한 절대 기초 8가지

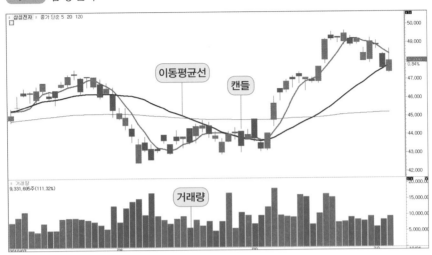

★ 차트의 구성요소 3가지

1. 캔들
2. 이동평균선
3. 거래량

기본 캔들 – 양봉과 음봉, 그리고 변형들

먼저 기본 캔들에 대해 배워볼까요? 캔들에는 주가 상승을 의미하는 빨간색
과 주가 하락을 의미하는 파란색이 있습니다. 이때 기준은 시가, 즉 장이 시작
한 가격에서 상승으로 마감하면 빨간색, 시가보다 하락으로 마감하면 파란색입
니다. 색깔만 다를 뿐인데 주식시장에서의 의미는 하늘과 땅 차이입니다. 빨간
양봉이 나오는 종목만 잡을 수 있다면 주식시장은 현금인출기가 됩니다.

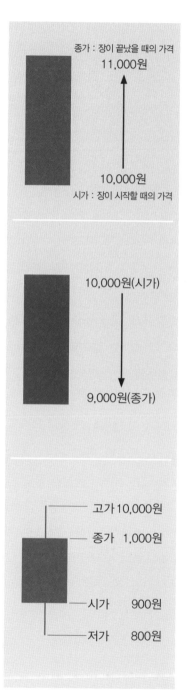

양봉: 주가 상승 　오전에 장이 열렸을 때 주가가 10,000원으로 시작되었는데(시가), 오후에 장이 끝나고 보니 11,000원이 되어 있습니다(종가). 내가 가진 주식이 주당 하루에 1,000원이 올랐으니 빨갛게 흥분하게 되겠죠? 그래서 빨간색으로 표시하고 '양봉'이라고 부릅니다.

음봉: 주가 하락 　오전에 장이 열렸을 때 주가가 10,000원으로 시작되었는데(시가), 오후에 장이 끝나고 보니 9,000원이 되어 있습니다(종가). 이 종목이 좋아 보여서 1천만 원을 샀다면 장이 끝날 때 900만 원으로 줄어든 것이죠. 하루 만에 100만 원이 사라졌으니 마음에 파랗게 멍이 듭니다. 그래서 파란색으로 표시하고 '음봉'이라고 부릅니다.

양봉의 변형 　그런데 캔들에 이 2가지 모양만 있으면 좋겠지만 이것들이 살아있는지 자꾸 다른 모습으로 변형됩니다.
아침에 주가가 900원(시가)으로 시작했습니다. 그런데 장중에 떨어지더니 800원(저가)이 되었습니다. 주가가 800원까지 떨어지자 싸다고 생각한 사람들이 주식을 막 사기 시작합니다. 주위에서 지켜보던 사람들까지 무슨 호재가 생긴 줄 알고 같이 매수하기 시작합니다. 그러자 주가가 1,100원(고가)까지 오릅니다. 그러자 800원에 샀던 사람들이 적당한 수익을 올렸다고 판단하고 주식을 내다팔기 시작합니다. 주가는 더 이상 오르지 못하고 하락해 장이 마감될 때는 1,000원(종가)에 끝나게 됩니다. 그랬더니 차트에 이런 모양으로 나타났습니다. 오늘 하루 이 종목의 주가 움직임이 캔들로 표시된 것입니다.

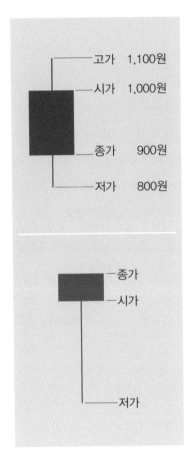

음봉의 변형 아까와는 정반대입니다. 아침에 1,000원(시가)에 시작한 주가가 장중에 1,100원(고가)까지 오르자 매도하는 사람들이 늘어나 장중에 800원(저가)까지 밀립니다. 주가가 많이 빠졌다고 생각한 사람들이 800원부터 사들이기 시작하더니 끝날 때는 900원(종가)에 끝납니다. 그랬더니 차트에 이런 모양의 캔들로 표시되었습니다.

양봉망치형 장중에 매물이 쏟아져 주가가 밀리자 싸졌다고 생각한 매수자들이 들어와 장이 마감할 때는 시가보다 높게 끝난 경우입니다. 주가가 바닥권이라면 상승의 신호로 여겨지기도 합니다. 이런 캔들 모양을 망치 같다고 하여 '양봉망치형'이라 합니다.

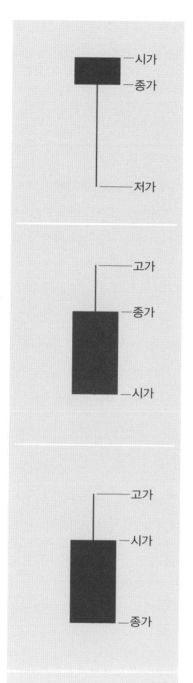

음봉망치형 장이 시작하자 매물이 쏟아져 밀리기 시작합니다. 싸졌다고 생각한 매수자들이 매입을 시작하자 주가가 바닥을 찍고 상승합니다. 그러나 아까보다 상승의 힘이 약하기 때문에 '음봉망치형'이라 부릅니다. 바닥권에서는 상승전환의 신호로 받아들여지기도 합니다.

샅바형, 위꼬리 달린 양봉 장중에 주가를 신나게 끌어올렸는데 주가가 많이 상승하자 매물이 쏟아집니다. 밀린 만큼 위에 꼬리가 생깁니다. '샅바형'이라 부르며 '위꼬리 달린 양봉'이라고도 부릅니다. 주가가 바닥이면 상승 신호로, 고가이면 하락 신호로 읽힙니다.

유성형, 위꼬리 달린 음봉 장이 시작하자 주가가 올랐다가 장중에 밀리는 모습입니다. 장이 끝날 때가 가장 저가이니 내일 또 빠질 가능성이 있습니다. 주가가 많이 상승한 상태라면 고점 신호일 가능성이 높습니다. '유성형'이라 부르며 '위꼬리 달린 음봉'이라고도 부릅니다.

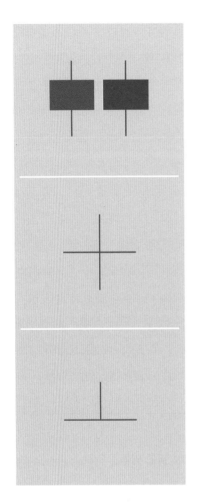

팽이형 주가가 어디로 갈지 알 수 없는 형태입니다. 몸통이 짧을수록 방향을 예측하기가 어렵습니다.

도지형 매수세와 매도세가 팽팽한 경우에 나타납니다. 주가가 어디로 향할지 알 수 없으며, 고가에서는 하락의 가능성이 있습니다.

비석형 장중에 주가를 올렸는데 강한 매도세에 의해 다시 주가가 제자리로 돌아온 모습입니다. 고점에서는 하락 신호로 받아들여집니다.

상승전환 패턴

그런데 차트에는 캔들이 하나가 아닙니다. 매일매일 캔들이 발생합니다. 그래서 며칠 동안 나타난 캔들의 모양을 보면 주가가 상승하려는 신호인지, 하락하려는 신호인지를 판단할 수 있습니다. 캔들이 2개 이상 모일 때 어떻게 해석되는지 알아보겠습니다. 먼저 상승전환 패턴입니다.

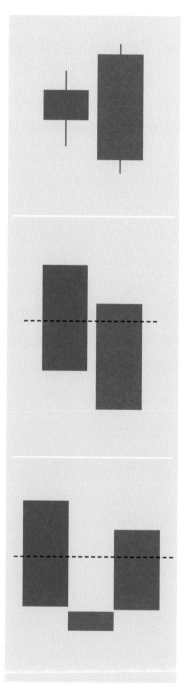

상승장악형 어제 주가가 하락하여 음봉이 었는데, 오늘은 전날의 하락을 모두 만회하 는 양봉이 나왔습니다. 하락추세일 때 발생 하고, 양봉이 길고 거래량이 수반된다면 상 승의 가능성이 높아집니다.

관통형 어제 주가가 하락했습니다. 오늘은 주가가 어제 종가보다 하락하여 출발했으 나 장중에 저가 매수세가 들어와 상승으로 마감한 모습입니다. 하락추세일 때 나타난 다면 이제 상승으로 전환시키겠다는 신호 로 읽히며, 양봉이 전일 몸통의 50%보다 높 게 상승하여 전일 시가에 가까울수록 상승 으로 전환할 가능성이 높습니다. 강한 매수 세가 들어왔다는 뜻이니까요.

샛별형 둘째 날의 몸통 짧은 도지형은 양 봉이든 음봉이든 상관없습니다. 장대음봉 이 나오고 둘째 날 주가를 지지해주고 다시 상승으로 전환시키는 모습인데 하루 지지 받는 캔들이 나오는 상승장악형이라 보면 됩니다.

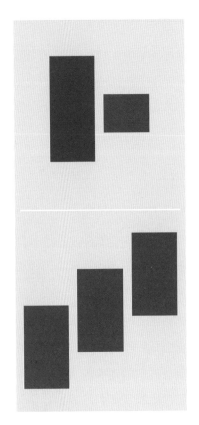

상승잉태형　어제 주가가 크게 하락했는데 오늘은 상승하여 출발하더니 밀리지 않고 있는 모습입니다. 전일 손해 본 사람들의 매물을 받아주는 형태로 상승전환의 신호로 보이지만 신뢰성은 떨어집니다.

적삼병　양봉이 연속으로 3개 나오는 패턴으로 상승신호로 읽힙니다. 적삼병이 나오면 무조건 사라는 말이 있지만, 요즘은 단기매매를 하는 사람들이 많아 3일 동안 상승하면 오히려 매물이 쏟아지기 때문에 적삼병의 신뢰도가 떨어진 상태입니다.

하락전환 패턴

이번에는 반대로 주가가 하락하는 하락전환 패턴에 대해 알아보겠습니다. 이것까지만 알면 캔들의 기본은 다 배운 것이니 상황에 맞춰 응용하면 됩니다.

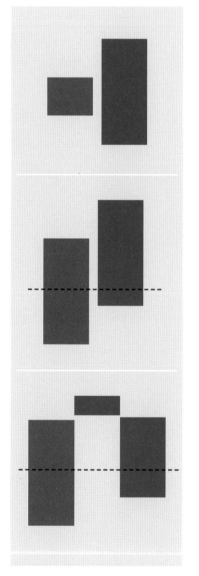

하락장악형 어제 양봉이 나왔는데 오늘은 어제 상승한 가격을 다 까먹고 추가 하락했습니다. 상승추세의 고점에서 이런 패턴이 나타나면 하락할 가능성이 매우 높습니다.

흑운형 어제 양봉이 나오고 오늘은 주가가 어제보다 상승 출발한 다음 장중에 밀려 어제 양봉의 중간 50% 이하로 떨어졌습니다. 고점에서 나타난다면 차익을 실현하려는 세력이 나타났다고 보는 것이 좋으며 하락으로 전환할 가능성이 높습니다.

석별형 장대양봉이라고 좋아했는데 어제는 강하게 오르지 못하더니 오늘은 장대양봉의 50% 이하로 하락하고 말았습니다. 그렇다면 주가 상승보다 매도의 힘이 더 강한 것으로 생각하고 매도로 대응해야 합니다.

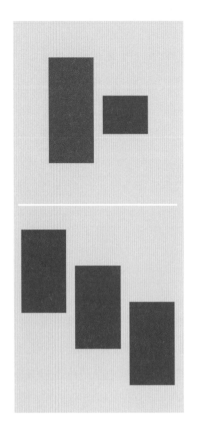

하락잉태형　어제 장대양봉이 나오더니 오늘은 양봉 몸통 안에 몸통이 짧은 음봉이 나왔습니다. 고점에서 이런 패턴이 나오면 매도세가 등장했다고 보는 것이 좋지만 오히려 조정을 받고 추가 상승도 가능한 상태입니다.

흑삼병　연속으로 음봉 3개가 나왔습니다. 추가로 하락할 가능성이 높습니다. 그러나 요즘은 짧은 기간에 낙폭이 커지면 매수세가 들어와 상승으로 전환할 가능성도 있습니다.

이동평균선

▲▲▲▲▲▲▲▲

　차트에서 봐야 할 두 번째 중요 정보는 이동평균선입니다. 수많은 캔들 사이로 여러 색의 선들이 지나가고 있는데 이 선을 '이동평균선'이라고 하며 줄여서 '이평선'이라고도 부릅니다. 이동평균선은 주가의 흐름을 읽는 데 사용합니다. 투자자에 따라 다양하게 설정할 수 있지만 가장 중요하고 많이 쓰는 것이 5일과 20일 이동평균선입니다. 그다음으로 중장기인 60일 이동평균선, 120일 이동평균선, 240일 이동평균선을 사용합니다. 줄여서 5일선, 20일선, 60일선이라고 부르기도 합니다.

　5일 이동평균선이란 5일간 주가의 평균값입니다. 5일간의 주가 흐름을 선으로 표시한 겁니다. 주식시장은 일주일에 5일만 열립니다. 그러니까 5일선이란 1주일의 주가 흐름을 말합니다. 눈치챈 것처럼 20일 이동평균선은 한 달간의 주가 흐름입니다. 이 5일 이동평균선과 20일 이동평균선이 주가 흐름을 파악하는 데 가장 중요합니다. 60일 이동평균선은 3개월 즉 1분기 주가 흐름을 나타내고, 120일 이동평균선은 6개월, 240일 이동평균선은 1년 간의 주가 흐름입니다. 60

일 이동평균선부터는 '중장기 이동평균선'이라고 부르는데 숫자가 많을수록 움직임도 둔합니다. 그래서 5일 이동평균선과 20일 이동평균선은 단기매매에 유용하고, 60일 이동평균선 이후부터는 중장기매매 시 참조합니다.

이 외에 단기매매 시 3일 이동평균선을 쓰는 투자자도 있지만 참조하는 사람은 많지 않습니다. 5일 이동평균선과 20일 이동평균선의 간격이 넓을 때는 10일 이동평균선도 유용하게 사용됩니다. 일부 투자자는 자신만의 이평선을 설정하여 쓰기도 하지만 보편적이지는 않습니다. 5일 이동평균선과 20일 이동평균선이 가장 중요한 이유는 많은 사람들이 이 2가지 이동평균선을 투자 시 기준선으로 삼고 있기 때문입니다. 차트에서 각각의 이동평균선을 어떻게 설정하는지 알아봅시다. 다음은 SK하이닉스의 차트입니다.

차트2 SK하이닉스

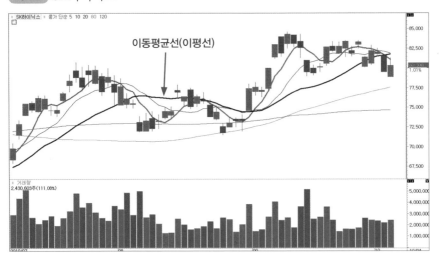

유지윤's Talk 주가의 움직임을 선으로 표시한 '이동평균선'입니다. 이리저리 엉킨 실타래처럼 복잡해 보이지만 항상 그렇듯이 알고 나면 간단합니다.

1. 차트를 마우스 오른쪽 버튼으로 클릭하면 단축메뉴가 나타납니다. '환경설정'을 클릭합니다.

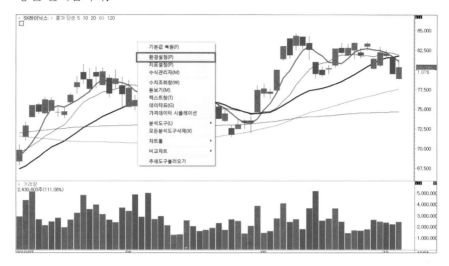

2. '차트환경설정' 대화상자가 나타납니다. 수십 가지 설정 방법이 나오는데, 자신에게 필요한 것을 찾아 설정하면 차트를 더욱 유용하게 사용할 수 있습니다. HTS 성능이 예전과는 비교할 수 없을 정도로 좋아져 잘 활용하면 투자에 큰 도움이 됩니다.

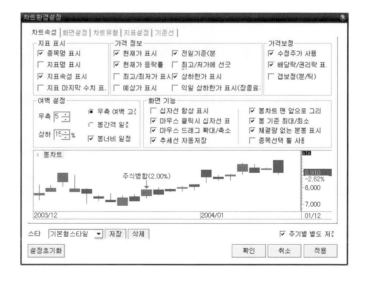

거래량

▲▲▲▲▲▲▲▲

　차트의 구성요소 중 마지막인 '거래량'에 대해 알아보겠습니다. 거래량은 간단합니다. 캔들이 하루 주가 변동가격을 보여준다면, 거래량은 하루 거래된 주식 수를 보여줍니다. 차트에서 보다시피 거래량은 많을 수도 적을 수도 있습니다. 기업에서 발행한 주식 수가 많다고 거래량이 꼭 많은 것은 아닙니다. 어떤 종목은 하루에 기업 주인이 바뀔 정도로 많은 거래량이 발생하기도 하고, 어떤 종목은 어떻게 상장했는지 이해할 수 없을 정도로 거래가 적은 종목도 있습니다. 거래량이 적을 때는 어떻게 해야 한다고 했었는지 기억하나요? 거래량에 대한 설명이 26쪽에 있으니 잘 기억나지 않는다면 한 번 더 읽어보고 넘어가세요. 3장까지는 기본 중의 기본들이라 꼭 확실하게 머릿속에 넣어두는 게 좋습니다. 그래야 응용도 가능해지니까요.

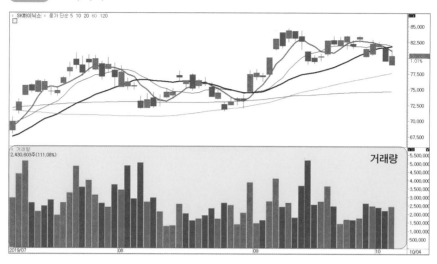

차트3 SK하이닉스

> *유지문's Talk* 거래량은 당일 얼마나 거래됐는지를
> 한눈에 알 수 있는 아주 중요한 지표입니다.

　거래량과 캔들, 그리고 이동평균선의 변화를 잘 읽을 수만 있으면 어느 정도 주가의 흐름을 예측할 수 있습니다. 여기에 장의 흐름까지 읽을 수 있는 경력이 쌓이면 돈을 벌 수 있는 확률은 상당히 높아집니다. 차트분석을 할 줄 알아야 남이 추천해준 종목이든 주워듣게 된 종목이든 매수 전 확인이 가능하겠죠? 종목이 무엇이라도 스스로 체크하고 매수할 수 있다면 그만큼 주식투자에서 성공할 확률이 높아질 것입니다.

◆ 4 ◆
골든크로스

▲▲▲▲▲▲▲▲

차트4 에이치엘비

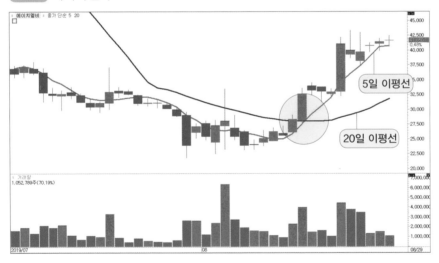

 주가가 올라가지 못하게 위에서 20일 이동평균선이 막고 있는데
5일 이동평균선이 뚫어버리니 속 시원하게 주가가 올라갑니다.

62
2장

빨간색인 5일 이동평균선이, 검은색인 20일 이동평균선 밑에 있다가 돌파하고 위로 올라선 모습입니다. 이렇게 5일 이동평균선이 20일 이동평균선을 상향으로 돌파하여 20일 이동평균선 위로 올라서는 것을 '골든크로스'라고 합니다. 다른 이동평균선이 이런 모습을 보일 때도 골든크로스라고 부르지만 보통은 5일 이동평균선이 20일 이동평균선을 교차할 때 많이 사용합니다.

주식에서 20일 이동평균선은 대단히 중요합니다. 20일 이동평균선은 강력한 저항이자 지지선이기 때문입니다. 단기 이동평균선인 5일 이동평균선이 20일 이동평균선의 강력한 저항을 뚫고 위로 올라서니 앞으로는 수익을 올리는 일만 남은 것이지요. 그래서 '골든크로스'라고 부릅니다. 위 차트에서 보다시피 골든크로스 이후 주가가 상승하죠? 주가의 최저 바닥에서 매수하지 못했다고 하더라도 골든크로스를 보고 매수했다면 이득을 얻을 수 있었을 것입니다. 물론 골든크로스라고 다 신뢰도가 있는 것은 아닙니다. 그러나 주가가 일단 강력한 저항선을 뚫었다는 점에서 주목해야 할 필요가 있습니다.

5
데드크로스

▲▲▲▲▲▲▲▲

차트5 에이치엘비

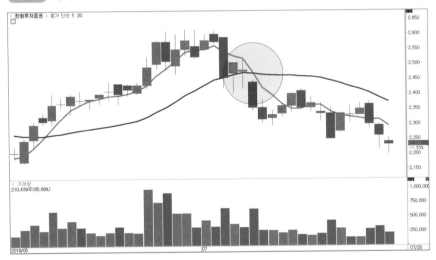

유지율's Talk 주가가 저항선을 뚫고 내려가니 이제는 죽는 일만 남았습니다.
빨리 매도하는 것이 상책입니다.

아까는 골든크로스가 발생해서 신나게 돈을 벌었는데 이제는 5일 이동평균선이 20일 이동평균선 밑으로 내려갔습니다. 5일선이 20일선 밑으로 내려가고 있는데도 팔지 않고 주식을 가지고 있으면 안 됩니다. 당신의 돈이 마술처럼 사라지는 것을 볼 수 있을 것입니다. 이렇게 5일선이 20일선을 뚫고 밑으로 내려가는 것을 '데드크로스'라고 합니다.

20일 이동평균선은 강력한 지지선이자 저항선이라고 했습니다. 이번에는 20일 이동평균선이 지지선으로 바뀌게 됩니다. 5일 이동평균선이 지지선을 뚫고 내려갔으니 지지선이 무너진 것이죠. 추가 하락 가능성이 높습니다. 그래서 골든크로스일 때는 매수를, 데드크로스일 때는 매도를 하라는 겁니다. 실제로 이 단순한 방법으로 돈을 번 사람들이 많습니다. 그러나 골든크로스와 데드크로스라고 무조건 매매하면 안 되는 게 요즘은 조금 달라졌기 때문입니다. 어떻게 달라졌는지 알아봅시다.

◆6◆
골든크로스와
데드크로스의 반복

▲▲▲▲▲▲▲▲

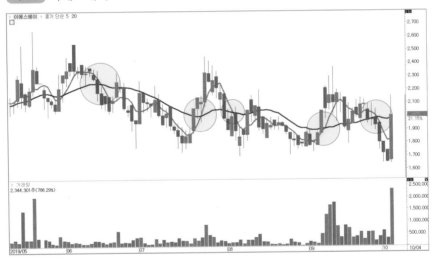

차트6 이에스에이

유지율's Talk 주가가 짧은 기간 안에 오르락내리락을 반복하는 이유는 뭘까요?

이럴 때는 어떻게 대응해야 할까요? 차트분석을 할 줄 알면 답이 보입니다.

골든크로스가 나면 사라고 해서 매수했더니 바로 데드크로스가 나왔습니다. 이익은커녕 약간의 손해를 봤지만 데드크로스가 나오면 팔라고 해서 다시 팔았습니다. 그런데 다시 골든크로스가 났습니다. 약이 오르기 시작하지만 저항선을 돌파했기에 다시 매수를 단행했더니 사자마자 다시 데드크로스가 나네요. 골든크로스가 나면 사고 데드크로스가 나면 팔라고 가르쳐 준 친구에게 전화해서 화풀이하기 딱 좋은 상황입니다.

골든크로스가 났다고 무조건 사는 것도 아니고, 데드크로스가 났다고 무조건 파는 것도 아닙니다. 요즘은 예전보다 조금 어려워졌어요. 상황에 맞는 대응 능력이 필요합니다. 이런 판단력은 하루아침에 생기는 것이 아니니 조급해하지 말고 천천히 배우기 바랍니다. 경험이 생기면 어떤 골든크로스가 진짜인지, 어떤 데드크로스에서 매도해야 하는지 판단할 수 있는 능력이 생깁니다.

능력과 별개로 대체 왜 이런 패턴이 나오는 걸까요? 골든크로스가 나면 사고 데드크로스가 발생하면 팔라고 말할 수 있는 것은 주가에 지지와 저항이 존재하기 때문입니다. 강한 저항을 뚫고 주가가 상승하면 탄력을 받고 상승추세를 이어갑니다. 강한 지지를 뚫고 주가가 하락한다면 그 힘에 의해 추가 하락합니다. 주가가 오르면 주가의 상승을 보고 추가적인 매수세가 들어오기 때문에 힘을 받는 것이고, 주가가 하락한다면 주식을 가지고 있는 사람들이 손해를 덜 보려고 서로 먼저 팔려고 내놓기 때문에 하락의 힘이 가속되는 것이지요. 이동평균선이 지지와 저항 역할을 하는 겁니다.

주가가 상승과 하락을 멈추려면 그에 상응하는 매수세와 매도세가 있어야 됩니다. 이런 힘이 발생하려면 주가를 움직일 수 있는 힘이 있어야 합니다. 이 힘을 주식투자에서는 '세력'이라고 부릅니다. 개인들은 세력이 아니기에 세력이 발생했는지 알아야 하는데 이를 알려면 차트분석이 필요합니다. 그래서 개인투자자에게 기술적 분석이 중요하다고 말하는 것입니다.

◆ 7 ◆
지지

▲▲▲▲▲▲▲▲

차트7 심텍

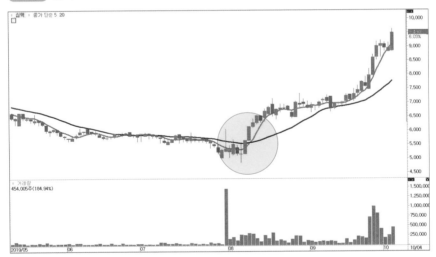

유지윤's Talk 하락추세였던 종목이 골든크로스 이후 안정적인 주가 상승을 보여주고 있습니다. 저항선 밑에 있던 주가가 지지선 위에 있으니 안정적인 주가 흐름을 보여주는 것이죠.

골든크로스가 발생한 후 상승 탄력을 받으면서 주가가 지속적으로 상승하고 있습니다. 주가가 상승할 때의 모습은 어떤가요? 20일 이동평균선의 지지를 받고 다시 상승하거나 5일 이동평균선 위에서 상승추세를 이어가고 있습니다. 이렇게 강한 저항을 뚫고 나면 저항선이 강력한 지지선이 되면서 주가의 상승추세를 받쳐줍니다. 이런 지지선 모습은 투자하고 있는 사람들에게 심리적인 안정감을 줍니다.

주가가 상승하기 위해서는 기업가치가 중요합니다. 그러나 기업가치가 아무리 좋다고 해도 주식을 사주는 투자자가 없다면 상승할 수 없습니다. 그래서 주식에서 수급이 중요합니다. 매수세를 끌어모으기 위해서는 이 기업의 주식을 사면 돈을 벌 수 있을 것이라는 심리적인 안정감이 필요합니다. 기업가치가 아무리 좋아도 돈을 벌 것 같은 생각이 들지 않으면 살까 말까 망설일 뿐 실제로는 매수하지 않습니다. 그래서 주가가 상승하기 위해서는 기업가치와 함께 수급, 심리적인 측면이 모두 필요한 것입니다. 주가가 지지되고 안정적으로 상승하는 모습은 심리적인 안정감을 주기 때문에 매우 중요합니다.

◆ 8 ◆
저항

▲▲▲▲▲▲▲▲

차트8 한진칼우

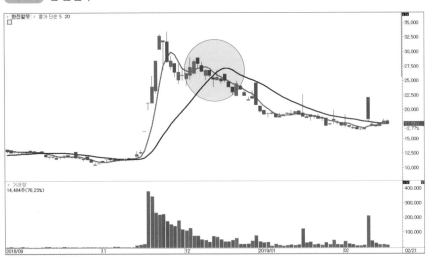

유저들's Talk 갑자기 주가가 폭등했는데, 잘 올라가던 주가가 하락하기 시작하네요.
급등한 모습만 생각하다 매도 기회를 놓치면 마누라한테 두들겨 맞습니다.

급등하던 주가가 하락하고 있습니다. 데드크로스가 발생하고 주가가 하락추세를 이어가자 손해를 덜 보려고 서로 내다팝니다. 서로 먼저 팔려다 보니 하락추세가 멈추지 않습니다. 주가는 매물 위에 매물이 쌓여 더욱 하락하게 됩니다. 하락추세에 있는 종목은 저항도 상당히 강합니다.

이 저항은 쉽게 돌파되는 것이 아닙니다. 어설프게 반등을 예상하고 매수에 들어가면 안 됩니다. 내 계좌에 들어 있는 돈은 마르지 않는 샘물이 아니라 고인 물에 불과합니다. 내 소중한 투자자금을 어설픈 경험에서 나온 감이나 지레짐작으로 날리면 안 되니까요. 한 번 깡통이 되면 99%의 확률로 복구가 불가능합니다.

지금까지 기술적 분석의 기본 도구인 차트에 대해 배웠습니다. 이제는 이것을 실전에서 어떻게 사용하는지를 알아봅시다. 이제부터는 실제로 당신의 돈이 오고가는 것입니다.

3장

차트 매매의
기본

1.
전저점을 알면
돈이 보인다

전저점 매매

전저점이란
무엇인가?

▲▲▲▲▲▲▲▲

앞에서 차트의 지지와 저항에 대해 알아보았습니다. 이번에는 이를 확장시켜 실전매매에서 어떻게 적용되는지를 볼 차례입니다. 먼저 전저점부터 시작할까요?

한 종목이 있습니다. 그런데 이 종목이 하락하다가 3천 원을 찍고 상승하여 6천 원까지 올라갑니다. 주당 3천 원을 벌었고, 매수한 투자자는 신났습니다. 그러다 시세를 마무리하고 하락하는데 다시 3천 원 근처까지 떨어집니다. 주가가 제자리로 왔죠. 이렇게 '전에 저점이었던 곳'으로 주가가 다시 돌아온 것을 '전저점'이라고 합니다. 주가가 전저점까지 오는 기간은 일주일이고 1년이고 상관없습니다. 일단 전저점까지 왔다는 것이 중요합니다.

그러면 주식투자에서 전저점은 어떤 의미가 있을까요? 기술적 분석에서 전저점의 의미를 이해하고 이를 이용한 매매방법에 대해 알아보겠습니다. 차트를 봅시다.

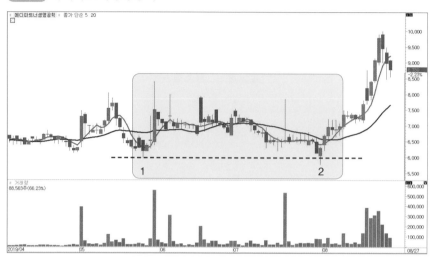

유지한's Talk 1차 하락 후 반등에 성공하여 시세를 주고 다시 하락합니다. 이후 전에 반등했던 가격에서 다시 반등에 성공합니다. 전형적인 전저점 패턴입니다.

　차트 1은 하락하던 주가가 6천 원을 최저점으로 찍고 상승하여 시세를 주다가 다시 하락합니다. 그리고 2개월 후 전에 바닥을 찍었던 가격대에서 주가 하락을 마무리합니다. 이후 다시 상승하더니 골든크로스를 내며 크게 상승하고 있습니다. 이렇게 전저점이 지지되는 현상은 왜 일어날까요? 이 종목에서만 이런 일이 생긴 걸까요? 당연히 아닙니다. 다른 종목도 살펴보겠습니다.

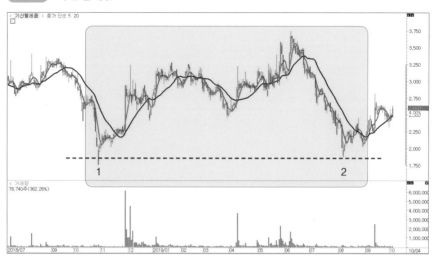

유지운's Talk 나는 네가 지난 가을에 한 일을 알고 있다!

차트 2를 보면 작년 10월에 바닥을 찍은 후 상승하면서 저점 위에서 움직이고 있습니다. 그러다 얼마 전부터 하락하기 시작하여 올해 8월에는 주가가 전저점 부근까지 하락합니다. 9개월 만에 주가가 다시 제자리로 돌아온 것이죠. 그리고 주가는 작년 10월의 일을 기억이라도 한 듯 전저점에서 반등합니다. 긴 시간이 흘렀는데도 주가가 전저점에서 지지를 받고 반등하고 있습니다. 희한하죠? 주가가 전저점에서 반등하는 이유는 무엇일까요?

주가가 전저점에서 반등하는 이유

첫째, 제일 큰 이유는 모든 사람들이 전저점이 지지되는가를 지켜보고 있기 때문입니다. 주식에 관한 많은 매매기법들이 개인에게 보급되어 있습니다. 전저점 지지는 차트분석의 기본입니다. 모르는 투자자가 거의 없다는 것이죠. 전저점이 반등 가능성 높은 곳이라는 것을 대부분의 투자자들이 이미 알고 있다는 뜻이기도 합니다. 그런데도 여전히 주가가 하락할 때 반등 시점을 자신의 감으로 선택하는 투자자가 많습니다. 매수했다 하더라도 반등하지 않고 계속 하락한다면 매도해야 하는데 오히려 손해를 만회하겠다는 생각에 추가 매수를 하는 사람도 많습니다.

주식을 오래 한 투자자 역시 예외는 아닙니다. 물론 주식투자를 오래 하다 보면 어느 순간 자신만의 감이 생깁니다. 때론 경험에서 생긴 감이 맞을 수도 있습니다. 그러나 감은 그냥 감일 뿐입니다. 감으로 샀어도 예측이 틀렸다는 것을 확인하면 매도해야 하는데 이것을 못 해서 계좌를 깡통으로 만듭니다. 주식을 감으로 해서는 안 되는 이유는 주가를 이끄는 세력들은 감으로 하는 게 아니기 때문입니다.

둘째, 전저점 반등의 또 다른 이유는 기업가치든 기술적 분석이든 주가를 끌어올리려면 뭔가 구실이 필요하기 때문입니다. 그래야 개인 매수세가 붙고 주가를 쉽게 끌어올릴 수 있는 것이죠. 하락하는 종목을 세력이 끌어올리려면 많은 자금이 필요하고, 주가가 하락하기 시작하면 개인투자자는 주식을 내다팔기 바쁩니다. 이들이 던지는 물량을 모조리 받아야 하니 많은 자금이 필요합니다. 그러나 전저점처럼 누구나 지켜보고 있는 지점을 반등 시점으로 삼고 자신의 자금을 투입한다면 주가를 끌어올리기가 쉬워집니다. 전저점이 지지되는가를 지켜보고 있던 투자자들이 매수에 동참하면 세력 입장에서는 주가를 반등시키기가 쉽죠. 전저점이라는 구실 거리가 없다면 주가를 반등시키려는 세력도 자금이 많이 투여되기 때문에 부담됩니다.

셋째, 주식을 보유하고 있는 종목의 지배자들이 있기 때문입니다. '큰손'이라고도 '대주주'라고도 부를 수 있습니다. 이들은 많은 물량을 보유하고 있는 종목이 무한정 하락하는 것을 바라보고만 있지는 않습니다. 이들에게는 보유하고 있는 주식이 재산이니까요. 이들에게도 보유하고 있는 주식의 평균단가가 있고, 손해 보는 가격이 있을 것입니다. 그래서 이들이 자신들의 평균단가 지점에서 주가를 지지해주기 때문에 전저점이 생깁니다.

이런 다양한 이유가 겹쳐 전저점이 지지됩니다. 처음 생기는 저점은 개인이 알 수 없습니다. 개인은 이들이 더 이상 손해 보고 싶지 않은 가격을 알 수 없으니까요. 이것은 개인이 정할 수 있는 문제가 아닙니다. 그러나 저점을 확인했다면 이들이 어느 가격을 지지하고 싶은지를 발견한 것이기 때문에 체크하고 있다가 하락추세에 있는 주가가 그 지점까지 온다면 매수합니다. 감으로 매수하는 것과 매수할 수 있는 근거가 있다는 것은 실전에서 엄청나게 큰 차이를 만듭니다.

전저점 매매는 간단한 투자방법입니다. 그러나 진짜 중요한 것은 실전에서 이것을 실천할 수 있느냐의 여부입니다. '실천할 수 있는가 없는가'의 차이는 '주식으로 돈을 벌 것인가, 쪽박을 찰 것인가'라는 엄청난 결과를 만듭니다. 그래서 돈을 버는 투자자들은 전저점에 오기 전까지는 매수하지 않습니다. 사냥하는 동물은 먹이를 잡을 수 있는 때가 있다는 것을 압니다. 하루 종일 기다렸어도 먹이가 목표 안에 들어오지 않으면 사냥하지 않습니다. 주식에서 돈을 버는 것도 마찬가지입니다. 반드시 돈을 벌 수 있는 지점에서만 매매해야 합니다.

◆ 2 ◆
전저점이 높아지는
종목이면 좋다

▲▲▲▲▲▲▲▲

`차트3` 엘브이엠씨홀딩스

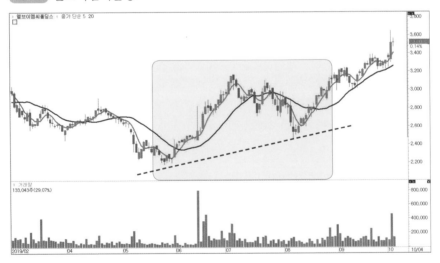

유지원's Talk 전저점까지 주가가 내려오나 보고 있는데 그 전에 반등합니다.
힘이 강한 종목인 경우이기 때문에 적극적으로 관심을 가져야 합니다.

이제 전저점이 뭔지 알았으니 여러 종목을 통해 전저점의 다양한 패턴을 배워보겠습니다. 차트 3처럼 전저점 지지를 예상하고 기다리고 있는데, 전저점까지 주가가 하락하지 않고 전저점 위에서 반등하는 경우가 있습니다. 이 경우는 전저점 부근에서 반등하는 것보다 훨씬 힘이 강합니다. 힘이 강하기 때문에 전저점이 오기 전에 반등하는 것이겠죠.

쉽게 얘기하자면 전저점 부근까지 하락하는 것을 놔두지 않겠다는 매수 세력과 전저점까지 기다리지 못하겠다는 매수 세력이 존재한다는 뜻입니다. 중요한 것은 전저점을 확실히 확인할 수 있다는 겁니다. 무슨 말이고 하니 전저점까지 주가가 하락했는데 반등에 성공하지 못한다면 전저점이 아니라는 말입니다. 하지만 전저점 가격에 오기 전에 반등한다면 전저점을 강하게 확인해주는 뜻을 담고 있습니다.

차트 3을 보면 1차 하락하고 반등하면서 다시 하락하는데 그 폭이 크지 않습니다. 이런 경우 전저점까지 하락시킬 필요가 없다는 세력의 의도로 보면 됩니다. 1차 상승 후 조정폭이 낮은 종목은 힘이 강한 종목이라고 생각하고 앞으로 실전에서 이런 종목을 발견한다면 관심 있게 지켜봐야 합니다.

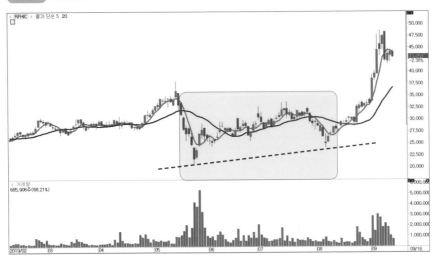

 전저점 전에 주가가 반등에 성공하고 있습니다. 이럴 때 꽉 막힌 사람처럼 전 저점까지 안 왔다고 패스하면 안 됩니다. 주식투자의 원리를 이해하고 유연하 게 대응하세요.

차트 4는 저점이 높아진 상태에서 반등에 성공합니다. 반등에 성공한 이후에 는 거래량이 급격하게 늘어나고 주가가 요동치고 있는 모습입니다. 주가가 급 격히 움직이면 불안하기 때문에 실전에서는 접근하기 힘들며 데이트레이딩으 로 접근하게 됩니다. 제일 안전한 매수타이밍은 전저점에서 반등할 때인데 전 저점 전에 반등에 성공한 모습입니다.

이때를 놓쳤다 하더라도 골든크로스가 나오면서 큰 상승을 주기 때문에 매 수가 가능한 종목인 것이죠. 전저점보다 좋은 지지와 골든크로스를 확인했다면 초보자도 충분히 매수 가능합니다. 물론 놓쳤다 하더라도 배움의 기회로 삼아 다음 기회를 잡으면 됩니다.

◆ 3 ◆
전저점 반등이
상승장악형이면 더 좋다
▲▲▲▲▲▲▲

차트5 씨아이에스

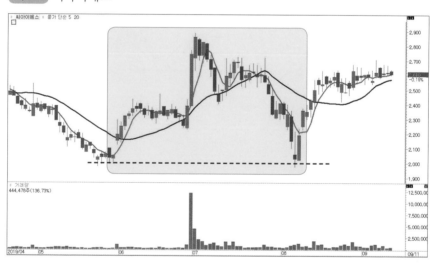

유지윤's Talk 상승장악형은 강력한 매수세이므로 하락전환을 상승전환으로 바꾸는
신호로 이해하면 됩니다.

차트 5는 주가가 하락을 멈추고 전저점 부근에서 반등에 성공하는 모습입니다. 그런데 전저점 부근에서 반등할 때의 모습이 어떤가요? 음봉을 덮는 양봉이 나오면서 상승으로 전환되고 있죠? '상승장악형'입니다.

하락하던 주가가 전저점에서 지지되면 매수하려고 기다리고 있었습니다. 그런데 음봉이 나와 전저점 지지 실패를 예상하고 매매를 포기하려는데 다음 날 음봉을 덮는 강한 양봉이 나왔습니다. 매수세가 등장했다는 것이죠. 전저점 지지의 성공 가능성을 예측하고 매매에 임하는 것이 좋습니다. 특히 바닥에서의 상승장악형은 상승 확률이 높은데 전저점 부근에서 나왔으니 상승전환 신호로 읽는 것입니다.

차트6 로체시스템즈

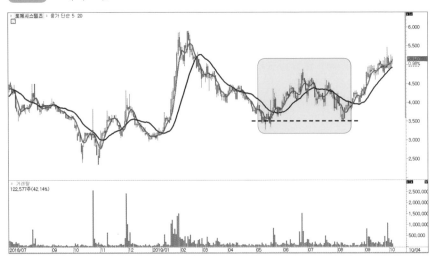

차트 6은 단기간에 급등하여 큰 시세를 준 종목입니다. 시세를 준 후에는 매도하지 못한 투자자에게 큰 손실을 입혔습니다. 하루 종일 모니터에 앞에 앉아 있는 투자자도 상승 초기에는 매수하기 힘들었을 겁니다. 나중에라도 이 종목을 발견하여 매수에 가담한 투자자는 고점 부근에서 조금 먹고 나오겠다고 들어갔다가 손실을 입었을 것입니다. 만약 매도하지 못했다면 계좌는 회복불능이 되고 아주 처참한 심정이 됐겠죠. 주식시장은 어설픈 경력으로 자만에 빠진 투자자와 잔돈을 먹겠다고 덤비는 투자자를 용납하지 않습니다.

　주가가 급등하고 급락한 이 종목은 급락한 후 반등에 성공하지만 다시 하락합니다. 하지만 반등에 성공한 가격대까지 주가가 흘러 내려오는데 이번에는 전저점 지지에 성공한 모습입니다. 결과적으로 전저점 지지를 보고 매수에 들어갔다면 나름 수익을 올렸을 종목입니다. 이런 종목은 상승 전 가격대에서는 일단 반등이 가능할 것이라는 생각으로 접근하는 것이 좋습니다.

◆ 4 ◆
3중 바닥이라면
더할 나위 없다

▲▲▲▲▲▲▲▲

차트7 테스

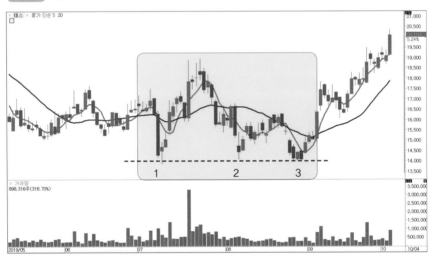

두 번의 지지가 확인됐다면 바닥에 대한 신뢰도가 그만큼 상승한 것입니다.
놓치지 말고 봐야 하는 종목이라는 뜻이죠.

전저점도 부족해 한 번 더 지지되는 종목도 있습니다. 바닥이 세 번이나 지지됐다면 믿을 수 있는 저점이라고 볼 수 있는 것이죠. 연속적으로 바닥을 확인하는 종목이라면 그만큼 신뢰도가 높다고 해도 됩니다. 확인해보겠습니다.

차트 7를 보면 주가가 한 번 떨어지죠? 그리고 반등합니다. 그런데 얼마 못 가 다시 하락합니다. 그러다 전저점에서 반등에 성공하지만 너무 약해 주가가 떨어졌다가 다시 반등에 성공합니다. 주가가 상승에 성공하지 못하면 실망 매물이 쏟아지기 마련입니다. 그런데 다시 저점에서 반등에 성공합니다. 이는 저점에 대한 강한 기대 매수가 있다는 뜻입니다. 더구나 상승에 성공했다면 저점을 받쳐주는 세력이 있는 것이고, 이는 주가 상승으로 이어질 가능성이 높다는 말이기도 합니다. 신뢰도가 그만큼 높은 것이니까요. 이 종목은 3중 바닥 이후 주가가 상승추세로 이어집니다. 실전에서 3중 바닥이 나온다면 놓치지 말기 바랍니다.

차트8 ITX엠투엠

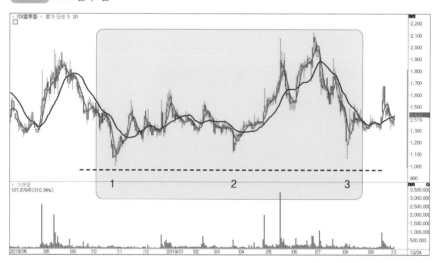

유지윤's Talk 주가가 1년 넘게 움직이면서도 저점은 기억하고 있습니다. 이렇게 저점이 관리되는 종목이리면 확인 후 매수기 기능합니다.

1. 전저점을 알면 돈이 보인다 – 전저점 매매

차트 8은 주가가 하락하다가 11월 반등에 성공합니다. 주가가 고점에서 움직이다가 다시 하락하는데 5개월 후 다시 저점에 도달합니다. 이번에는 전저점 부근에서 반등에 성공합니다. 이후 100% 정도의 시세를 줍니다. 전저점 확인 후 매수했다면 수익을 낼 수 있었겠죠. 그런데 주가가 다시 하락합니다. 다음 해 8월에 다시 바닥을 찍고 주가가 반등에 성공합니다. 누가 봐도 주가를 관리하는 세력이 있다는 것을 알 수 있습니다. 실전에서는 이 종목 하나만 보면서 매매해도 적지 않은 수익을 챙길 수 있었을 것입니다.

생각해보면 매매방법은 간단하지만 수익은 엄청납니다. 앞으로도 계속 말하겠지만 주식은 어렵게 한다고 돈을 벌 수 있는 것이 아닙니다. 단순하더라도 확실한 곳에서 매수할 수 있다면 오랜 경험자보다 더 많이 벌 수 있습니다. 단순하더라도 확실한 매매방법이라는 것이 중요하니까요.

차트9 아시아경제

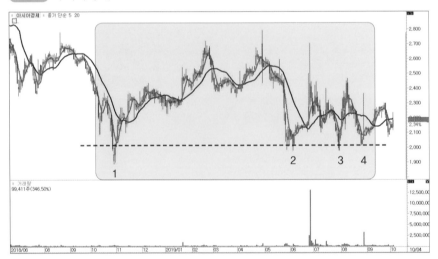

유시윤'S Talk　전저점 매매는 초등학생도 할 수 있을 정도로 단순합니다.
주식투자는 어려운 기술을 몰라서 돈을 못 버는 것이 아닙니다.
단순하더라도 확실한 매매방법을 익힌다면 성공투자에 들어설 수 있습니다.

차트 9는 주가가 오래 움직이는데도 2천 원대 초반만 되면 반등에 성공하고 있습니다. 최근에는 연속적으로 반등에 성공하면서 단기매매하기에 아주 좋은 모습을 보여주네요.

주가가 상승 중이거나 고점에서 단기매매로 수익을 얻는 방법도 있지만, 이는 고도의 집중력이 필요합니다. 그런데 전저점에 주가가 오기를 가만히 기다렸다가 이렇게 받아먹는 투자방법도 있습니다. 어렵게 머리를 쓸 필요도 없습니다. 집에 있는 아이도 할 수 있는 방법입니다. 앞으로 실전에서 이런 종목을 발견한다면 반드시 관심종목에 편입시키기 바랍니다. 이 책을 보는 여러분은 초보 단계에 있으니 모의투자를 통해 매수해보면서 연습하세요. 돈이 될 수 있다는 경험과 확신이 서면 앞으로 여러분의 계좌를 든든하게 채워줄 것입니다.

2.
전고점을 알면
돈이 보인다
전고점 매매

·1·
전고점이란
무엇인가?

전고점은 전저점과 완전히 반대되는 매매법이라 할 수 있습니다. 하락추세 종목이 전에 반등에 성공했던 가격대에서 다시 반등하기를 노리는 매매가 전저점 매매입니다. 전고점은 반대로 이전의 고점을 돌파할 때 매수하는 매매방법입니다. 쉽게 말해 전저점은 주가 바닥을 확인하고 매수하는 것이고, 전고점은 주가가 고점을 돌파하면 매수하는 겁니다.

전고점이라는 것이 단순히 '전에 가장 높았던 가격'일까요? 고점이라는 말에는 '그곳에서 주식을 매수한 후 못 팔고 그대로 가지고 있는 투자자가 많다'는 의미가 숨어 있습니다. 한마디로 매물이 쌓인 곳이죠. 주가가 1만 원을 찍고 하락했다면 1만 원에 주식을 산 후 팔지 못하고 있는 투자자들의 물량이 있다는 말입니다. 특히 거래량이 많은 종목일수록 고점에 물려 있는 물량 역시 많습니다. 고점에서 주식을 산 투자자들은 1만 원이 고점이라는 것을 모르고 샀을 것입니다. 어디선가 주가가 2만 원까지 갈 것이라는 말을 듣고 매수한 투자자도 있겠고, 단기투자하려고 들어갔다가 못 팔고 계속 보유하고 있는 투자자도 있을 것입니다. 이들은 손절매 기회를 놓쳤거나 여러 가지 사정으로 못 팔고 계속 보유하고 있는 투자자들입니다. 고점에 물려 있는 투자자들은 '누가 이기나 보자'와 '제발 상승만 해다오'라는 2가지 심정으로 나뉘는데 공통점은 모두 본전이 되기 전까지는 팔지 않겠다는 마음을 가지고 있다는 것입니다.

차트1 빅텍

 1개월 정도의 기간에 100% 정도 상승합니다.
은행이자가 2%라면 50년을 예금해야 얻을 수 있는 수익입니다.
이것이 주식투자의 매력이겠죠.

차트 1을 보세요. 2천 원대의 주가가 상승하기 시작하더니 4천 원을 돌파합니다. 상승 전에 매수한 투자자가 중간에 매도하지 않았다면 다들 수익이 났겠죠. 특히 바닥에서 매수한 투자자라면 큰 수익을 얻었을 것입니다. 이 정도 상승이면 은행이자는 아무것도 아니죠. 은행이자가 2%라면 50년은 은행에 넣어둬야 받을 수 있는 이자를 1개월 정도에 번 것입니다. 50년이면 화폐가치가 떨어져 은행이자의 의미가 없겠죠. 그런데 1개월에 100% 수익이라니! 그런데 말입니다.

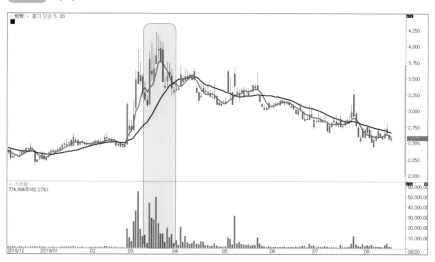

 고점이란 단순히 가장 높은 가격이 아니라 주가가 추가 상승할 줄 알고 매수한 투자자가 예상과는 달리 주가가 하락하자, 고점에서 매수한 물량을 팔지 못하고 물려 있는 상태라는 의미가 숨겨져 있습니다.

주가가 하락을 멈추고 상승으로 전환하면 고점에 물려 있던 투자자들이 서로 내다팔려고 하겠죠? 따라서 주가가 상승으로 전환할 때 고점은 강력한 저항선이 됩니다.

차트 2는 이후 주가 흐름입니다. 잘 나가던 주가가 크게 상승한 후 고점을 찍고 하락하고 있습니다. 주가가 다시 제자리로 돌아가고 있어요. 고점에서 많은 거래가 터진 것을 보니 물려 있는 투자자도 많을 것입니다. 주가가 하락하면서 손해가 가중되니까 견디지 못하고 매도하는 분들도 있겠지만 고점에서 물려서 못 팔고 있는 분들도 상당히 많을 것입니다.

주가가 하락하니 고점이 생긴 것이죠. 다시 말하지만 고점은 계속 상승할 줄 알고 매수한 투자자들이 몰려 있는 곳입니다. 주가가 다시 제자리, 즉 고점에 오면 매도하겠다는 투자자들이 몰려 있습니다. 그래서 주식에서는 이를 '악성매물'이라고 합니다. 왜 이렇게 부르는지 '전고점 돌파의 조건' 부분에서 설명하겠습니다.

차트3 콤텍시스템

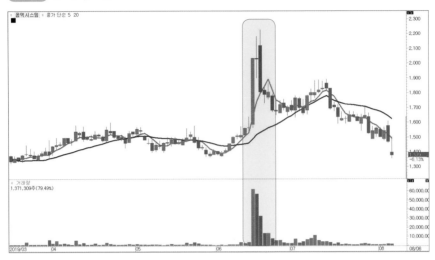

 주식을 상승 초기에 매수하지 못하고 상승 중에 잡았다면 얼마까지 간다는 말에 신경 쓰기보다 언제 하락할 것인가에 집중해야 합니다. 주가를 이끄는 세력은 내가 아니고, 나는 그저 그들의 움직임에 동참한 소액투자자일 뿐이기 때문입니다.

여러분이 주가를 선도하는 세력이라면 사람들이 얼마까지 간다고 떠든다고 그 가격까지 주가를 올리겠습니까? 개인들이 전부 그 가격에 매도할 준비를 하고 있는데요. 세력은 자신이 주식을 팔 수 있는 가격과 시점을 따질 뿐입니다. 개인은 그 시점을 알 수 없으니 목표 가격보다는 주가의 흐름에 집중하라고 하는 것입니다.

차트 3은 단기간 시세를 주고 하락하고 있습니다. 언젠가 이 종목이 다시 상승한다면 고점에 물려 있는 투자자들은 자신들의 물량을 던질 것입니다. 그래서 고점은 주가 상승에 큰 부담이 되는 곳입니다. 때문에 주식투자에서 전고점 돌파 여부는 매우 중요합니다. 상승의 힘이 강해야만 물량이 쌓인 고점을 뚫고 올라가 전고점이 돌파됩니다. 고점을 돌파하는 힘이 얼마나 강하느냐에 따라 상승 여부를 알 수 있습니다.

전고점을 돌파하려면 고점에 물려 있는 많은 물량을 소화시킬 수 있는 매수세가 필요합니다. 이 말은 고점의 물량을 다 사들여도 될 만큼 돈을 가진 세력이 있어야 한다는 것을 뜻합니다. 세력이 고점에 쌓인 물량을 다 먹고 전고점을 돌파시켰다면 주가는 추가 상승이 쉬워질 것입니다. 세력 자신이 많은 물량을 보유하고 있는 상태기 때문에 물량부담이 없고, 물려 있는 사람이 없기 때문에 주가가 가볍게 움직일 수 있습니다. 그래서 전고점을 돌파하는 종목은 관심 있게 지켜볼 필요가 있습니다.

전고점 돌파는 개별종목뿐만 아니라 종합지수에서도 같은 이유로 통합니다. 전고점을 돌파하느냐에 따라 장의 추가적인 상승과 하락을 예상할 수 있으며, 이를 통해 개별종목의 매매타이밍을 잡을 수 있는 것이죠. 특히 시장처럼 움직이는 종목을 매매할 때는 개별종목뿐만 아니라 종합지수도 같이 살펴봐야 합니다.

전고점 돌파매매를 한다면 주가가 전고점을 돌파할 것이라 추측한 후 미리 움직이지 말고, 반드시 전고점을 돌파하는 것을 확인한 후 매매해야 합니다. 미리 예상하고 매수하는 경우도 있는데 전고점 돌파가 실패할 경우 손실로 이어집니다. 차라리 조금 더 주고 산다는 생각으로 안전하게 전고점 돌파를 확인한 후 매매하는 게 낫습니다.

◆2◆
전고점 돌파란
무엇인가?

▲▲▲▲▲▲▲

차트4 제이엠티

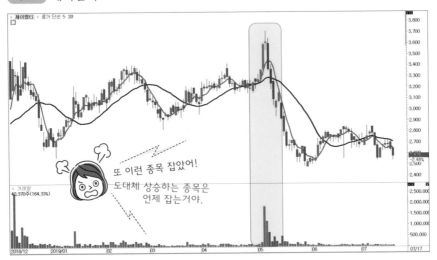

주가가 상승 추세를 보이면 한 번에 많은 투자자가 몰립니다. 그렇게 주가는 고점을 찍지만 어떤 이유로 매도를 고민할 새도 없이 하락하기도 합니다. 이럴 때 고점에 많은 물량이 쌓이겠죠? 이후 어떤 일이 벌어지는지 봅시다.

그러면 실제로 전고점 돌파는 어떻게 이뤄지는지 알아보겠습니다. 차트 4에서는 주가가 상승 시도를 하니 거래량이 터지죠? 많은 투자자들이 몰렸다는 뜻입니다. 그런데 얼마 상승하지도 못했는데 바로 하락합니다. 매도할 시간도 없어요. 매수하고 있었다면 지옥입니다. 3천 원대의 주식이 2천 원대로 떨어지니 3천만 원을 매수했다면 순식간에 천만 원이 사라졌으니까요.

차트 5를 보면 3천 원대의 주가가 1천 원대로 떨어집니다. '이제 죽었구나' 싶었는데 주가가 반등하기 시작합니다. 급반등하던 주가는 전고점까지 올라옵니다. 중간에 매도한 투자자는 땅을 치며 후회할 것이고, 아직 보유하고 있는 투자자는 고민이 시작됩니다. '본전에 매도할 것인가, 더 올라갈 것을 기대하며 보유하고 있을 것인가?' 하고 말이죠.

차트5 제이엠티

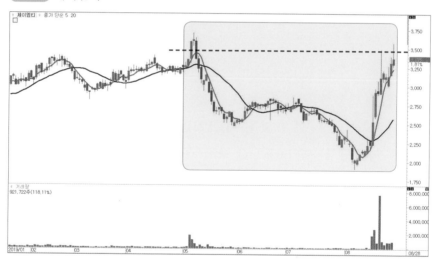

유지윤's Talk 3개월에 걸쳐 하락하던 주가가 단숨에 전고점까지 치고 올라옵니다. 고점에서 매수했다가 기다림에 지쳐 매도한 투자자라면 후회할 만한 상승입니다.

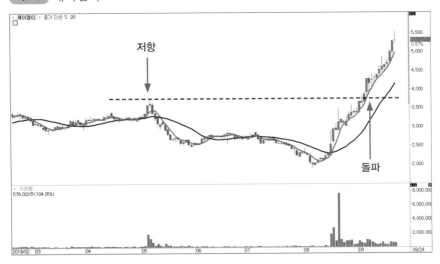

저항

돌파

유지봄'sTalk 저항이었던 전고점을 가볍게 돌파하네요. 전고점 돌파 전 강한 거래량으로 매물을 소화한 후 주가를 끌어올리고 있습니다.

차트 6은 주가가 5일선을 타고 기세 좋게 전고점을 돌파하고 있습니다. 전고점을 돌파하기 전 특별한 액션 없이 편안하게 올라가네요. 이런 종목은 5일선 하나만 보고도 쉽게 매수할 수 있습니다. 전고점 돌파를 확인하고 매수했다면 큰수익이 가능했던 종목이기도 합니다. 초보자도 어려움 없이 단순한 매매기법 가지고도 돈을 벌 수 있었던 것이죠. 주식투자는 어렵게 하면 어려운 것이고, 쉽게하면 쉬운 것입니다. 원리만 알면 돈을 벌 수 있는 것이 바로 주식입니다.

전고점 돌파의
조건 3가지

▲▲▲▲▲▲▲▲

그런데 주가가 전고점을 돌파하려면 몇 가지 조건이 필요합니다. 찬찬히 살펴보겠습니다.

▌첫째, 전고점을 돌파하려면 전고점보다 많은 거래량이 필요합니다.

전고점에 있는 물량을 소화시키기 위해서는 많은 거래가 일어날 수밖에 없습니다. 일단 주가가 고점에 도달하면 고점에 물려 있는 투자자의 물량이 쏟아집니다. 또 저점에서 매수하여 이미 수익을 내고 있는 투자자의 물량도 쏟아지는데, 저점에서 매수한 투자자는 전고점을 1차 목표가로 잡기 때문입니다. 저점에서 매수한 투자자는 주가를 끌어올린 세력이 누구인지 알 수 없기 때문에 이익실현 차원에서 1차적으로 물량을 던집니다. 그리고 단기로 들어온 투자자도 전고점에는 물량부담이 많다는 것을 알기에 전고점에서는 물량을 던지게 됩니다.

전고점까지 주가를 끌어올린 강한 주도세력이 없거나 힘이 없는 세력이라면 전고점에서 쏟아지는 물량을 받기 힘들 것입니다. 그러면 당연히 주가는 전고점을 돌파하지 못하고 하락합니다. 전고점 돌파 의사가 있는 주도세력이라면 이 물량을 소화시킬 것이며, 이로 인해 전고점에서의 거래량은 터질 정도로 많아집니다. 따라서 전고점에서 100만 주의 거래량이 터졌다면 전고점을 돌파하기 위해서는 100만 주가 훨씬 넘는 거래량이 터져야 된다는 계산이 나옵니다. 전고점에 물린 투자자의 물량뿐만 아니라 저점에서 따라 들어온 투자자의 물량까지 받아야 되기 때문에 일어나는 현상입니다. 전고점에서 거래량 없이 돌파하는 경우도 있는데 이는 세력의 물량매집이 잘된 경우일 가능성이 높습니다.

둘째, 전고점을 돌파하기 위해서는 충분한 기간 조정이 필요합니다.

기간 조정은 특히 세력주에서 많이 일어납니다. 세력이 한 번 해 먹고 나간 종목을 다시 끌어올리려면 고점에 물려 있는 악성매물이 사라져야 합니다. 이 말은 개인들이 가지고 있는 물량을 소화해야 한다는 것이죠. 개인들은 고점에서 물려 피눈물을 쏟고 있는데 주식시장에서는 '악성매물'이라고 부릅니다. 개인들의 피눈물이 하늘에 사무치지만 보유하고 있는 주식을 포기하고 세력에게 팔아야 주가가 오른다는 것이죠.

세력은 개인들의 물량을 빼앗기 위해 작전에 들어간 종목이 영원히 오르지 않을 것처럼 만듭니다. 끊임없이 주가를 빼거나 아주 오랜 기간 횡보를 시킵니다. 그러면 자식에게 물려주겠다며 이판사판으로 버티는 개인들 빼고 나머지는 팔게 되어 있습니다. 개인들이 지쳐 팔게 만드는 것이지요. 그래도 파는 개인이 없어 세력이 충분한 물량을 확보하지 못했다면 끝없이 횡보시키거나 하락시킵니다. 그리고 마지막 물량을 빼앗기 위해 주가를 한 번 끌어올립니다. 고점과는 거리가 먼 곳까지만 주가를 들어올리죠. 물려 있는 개인들이 보기에는 지금 아니면 다시는 이 가격에 팔 수 없다는 생각이 들게 만듭니다. 주식을 보유하고 있는 개인은 조금이라도 덜 손해 보자는 마음에 매도하게 됩니다. 결국은 세력에게 물량을 넘기는 것입니다.

세력이 물량을 흡수하는 긴 기간이 지나면 주가는 다시 상승합니다. 이후 주가는 세력의 마음대로 가져갈 수 있습니다. 세력이 물량을 소화한 종목이니 세력 마음대로입니다. 물론 이 돈은 여러분이 내는 겁니다. 이렇게 해 먹고 떠난 종목이 다시 상승하려면 다시 매집을 해야 하는데 보통 3개월에서 6개월 이상이 필요합니다. 그러니 세력이 한 번 시세를 준 종목은 당분간 잊는 것이 좋습니다.

셋째, 기업가치가 크게 상승할 것이라는 정보를 입수한 외국인이나 기관들이 들어오는 경우입니다.

주식시장에서는 외국인과 기관투자자를 '메이저'라고 부릅니다. 물론 이들이 없어도 전고점을 돌파하려면 호재가 필요하지만 이들이 개입하는 경우는 조금 다릅니다. 악성매물이든 뭐든 간에 자신들이 필요한 물량만큼 사들이거나 물량이 얼마가 쏟아지든 자신들이 분석한 가격까지 끌어올립니다. 물론 이럴 경우에도 앞의 2가지가 필요하지만 전고점을 완만하면서도 강하게 돌파할 가능성이 높습니다. 이들은 급한 거 없이 나오는 물량들을 서서히 흡수하면서 주가를 올리기 때문입니다.

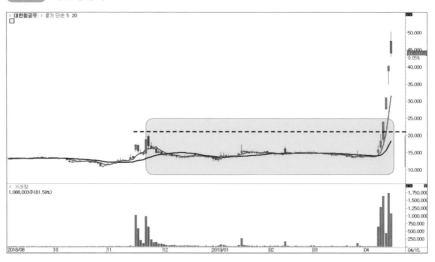

유지율's Talk 전고점을 바로 돌파하고 있습니다. 이동평균선에서 숨 고르기를 하다가 엄청난 거래량과 함께 전고점을 단숨에 강하게 돌파하는 아주 강한 상승입니다.

전고점을 가볍게 돌파하고 있습니다. 차트만 봐도 대형 호재가 발생했다는 것을 알 수 있습니다. 거래량을 보면 전고점의 대량거래를 능가하는 엄청난 대량거래가 터지고 있습니다. 작전이라면 급하게 상승시킬 필요 없이 천천히 시세를 주면서 해 먹을 가능성이 높습니다. 5일선을 타면서 상승시키거나 주가를 망가트리지 않는 선에서 조정합니다. 보통은 20일선이 기준이 됩니다. 그러나 이 종목은 갑자기 발생한 호재로 상승했습니다. 이런 경우 과감한 판단이 필요합니다. 처음에는 어려울 수 있으나 훈련이 되면 도전할 수 있습니다.

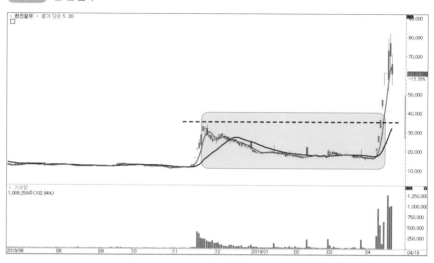

주가가 5일선 상승보다 빠르게 전고점을 돌파하고 있습니다.
이런 종목은 기업가치보다 호재에 의한 상승일 가능성이 높기 때문에 빠른
대처가 필요합니다. 기업가치 상승으로 전고점을 돌파하는 것이 제일 좋으나
단기호재에 의한 상승도 많으니 이에 대한 연습도 필요합니다.

차트 8은 호재에 의해 세력주가 시세를 주는 모습입니다. 이 종목은 전고점
부터 4개월 이상 하락하다 대량거래와 함께 전고점을 돌파하고 있습니다. 엄청
난 거래가 터지고 있기 때문에 전고점의 거래량이 작게 보입니다.

전고점 돌파는 큰 매물벽을 돌파해서 악성매물 부담이 없어졌기 때문에 추가
상승이 가볍습니다. 하지만 주가가 얼마까지 상승할지는 알 수 없으니 주가가
전고점을 돌파했다고 무작정 뛰어드는 것은 좋지 않습니다. 오히려 언제 주가
가 상승을 멈추고 하락할 것인가에 신경 쓰는 게 현명한 판단입니다. 전고점을
돌파했지만 주가가 크게 상승하지도 못한 상태에서 상승추세를 멈추는 종목도
많으니 주의하세요.

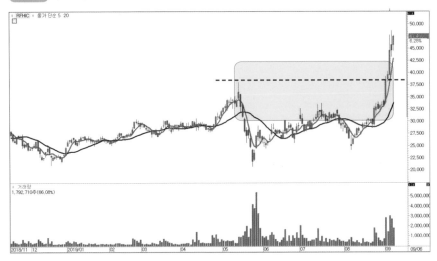

 고점은 주가가 추가 상승할 줄 알고 매수한 투자자가, 예상과는 달리 주가가 하락하자 매도하지 못하고 물려 있는 곳입니다. 주가가 하락을 멈추고 상승으로 전환하면 고점에 물려 있던 많은 투자자들은 서로 매도하고 싶어 합니다. 따라서 주가가 상승으로 전환할 때 고점은 강력한 저항이 됩니다.

차트 9의 전고점 부근을 보면 5일선을 타고 상승하다가 갑자기 급락합니다. 급락하다가 완만히 상승하면서 반등에 성공합니다. 이후 주가가 다시 하락하지만 전저점 전에 반등에 성공하고 전고점까지 올라가는 데 성공합니다. 전고점 돌파는 거래량이 실린 강한 장대양봉입니다. 가장 강한 매물을 장대양봉으로 돌파했다면 전고점의 매물이 두렵지 않다는 것이죠. 그만큼 전고점 돌파의 신뢰도가 높아집니다. 따라서 충분히 노려볼 만한 종목이라고 할 수 있습니다.

이 종목 역시 전고점을 돌파하고 시세를 줍니다. 이런 종목을 보면 빨리 매매해서 돈을 벌고 싶겠지만 조금만 기다리세요. 돈을 벌 기회는 얼마든지 있습니다. 매매보다 차근차근 배우는 것이 먼저입니다.

◆ 4 ◆
전고점 돌파에 실패하면
어떻게 될까?

▲▲▲▲▲▲▲▲

차트10 우리손에프앤지

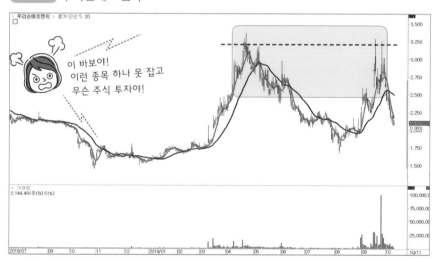

주가가 상승하다가 4월에 정점을 찍고 5월부터 하락합니다. 그러다 9월에 다시 전고점 부근까지 올라가지만 전고점 돌파에 실패합니다. 이렇게 전고점 근처까지 갔다가 주가가 하락해 쌍봉을 만드는 이유가 뭘까요?

전고점 부근에서 주가가 천천히 하락하다가 쌍고점이 생기는 이유

전고점까지 올라온 주가는 전고점을 돌파하고 추가 상승하는 것이 이상적입니다. 그러나 주가가 전고점까지 어렵게 올라왔어도 돌파에 실패하는 경우가 많은 것이 현실이죠. 이 경우 차트는 쌍봉이 되는데, 기술적 분석에서 쌍봉은 아주 좋지 않은 형태입니다. 결론부터 말하면 전고점 돌파에 실패하여 쌍봉이 나온다면 뒤도 돌아보지 말고 가진 물량을 빨리 매도해야 합니다. 왜 이런 쌍봉이 생기는 걸까요? 몇 가지 이유가 있긴 합니다.

▌첫째, 세력이 크게 해 먹고 나간 종목은 이제 주인이 없는 것이나 마찬가지입니다. 주가가 급등할 때는 적당한 호재도 있고 세력들이 주가를 조정할 만큼 많은 유통물량을 가지고 있어 급등시키기 쉬웠는데, 세력이 고점에서 자신들의 물량을 모두 내다팔고 주가를 급등시켰던 재료까지 소멸되면 주가는 엔진 꺼진 비행기와 같습니다. 글라이더 기능으로 어느 정도 날 수는 있지만 얼마나 더 날 수 있을지 알 수 없는 아주 불안한 상태가 되죠. 고점에 세력이 넘긴 물량이 쌓여 있는데 얼마나 불안하겠습니까?

주가는 악재가 나오지 않는 한 천천히 하락하는 것이 일반적입니다. 세력은 떠나고 없지만 급등한 종목이 하락하면 이 주식은 조정을 받고 더 갈 수 있다고 믿는 개인들이 계속 달라붙기 때문입니다. 이 과정에서 주가는 오르지도 않지만 급하게 빠지지도 않게 되는 것이죠. 개인들이 서로 물고 물리면서 주가는 서서히 하락합니다. 그래서 대부분의 세력주는 급등한 상태에서 악재가 나오지 않는 한 급락하지는 않습니다.

▌둘째, 세력 입장에서 보면 주가가 급등하고 급락하면 금감원의 주목을 받게 되니까 사후관리 차원에서 천천히 하락시키기도 합니다. 또 세력이 고점에서

한꺼번에 물량을 처분하지 못했을 경우 뒤풀이 파동을 만드는 경우도 있습니다. 2차 상승하는 것처럼 개인들을 유혹하고 마지막 물량을 처분하는 거죠.

셋째, 1차 세력이 그렇게 나간 후 급등한 종목의 뒤풀이 파동을 노리고 단기 세력들이 들어옵니다. 이들은 주식시장에 오래 머문 개인들이 급등한 종목에 단기파동이 있다는 것을 알고 있다는 것을 이용해 단기파동을 만들어냅니다. 주가가 이미 많이 오른 상태라 뒤풀이 파동에 많은 돈이 필요할 것 같지만, 따라 들어오는 개인들이 많으니 그리 큰돈을 들이지 않고도 시세를 줍니다. 이들은 하이에나처럼 시세의 끝을 먹기 위해 들어온 단기세력이라 그 파동은 짧습니다. 전고점에 물린 많은 물량을 다 소화시키면서까지 주가를 추가로 끌어올릴 필요가 없는 것이죠. 물량이 쏟아져 나오는 시점까지만 단기파동을 내주고 떠납니다. 이 과정에서 개인은 2차 시세를 준다고 생각하고 따라 들어갔다가 다시 물리는 현상이 일어나게 됩니다.

그 결과 쌍고점이 생깁니다. 쌍고점이란 개인투자자들이 두 번이나 고점에 물려 엄청난 물량이 쌓여 있다는 것을 의미합니다. 기술적 분석에서 쌍고점이 매우 좋지 않다고 하는 이유가 이것입니다. 앞으로 이 주식의 고점을 돌파하려면 이중으로 쌓여 있는 물량을 소화해야 합니다. 초대형 호재가 없는 이상 주가를 끌어올리려면 많은 부담을 감수해야 하니 정말 좋은 종목이라도 쌍고점을 쉽게 돌파하지 못합니다. 그래서 쌍고점이 나온 종목은 개인들의 물량이 소화될 때까지 오랜 기간 횡보 내지 하락하게 되는 겁니다. 개인 입장에서는 전고점을 돌파하지 못해 쌍고점이 생긴 종목을 보유하고 있다면 팔아야 됩니다. 아무도 주가를 올릴 생각이 없는 종목을 철 지난 호재에 매달려 계속 보유하고 있는 것은 어리석은 투자방법입니다.

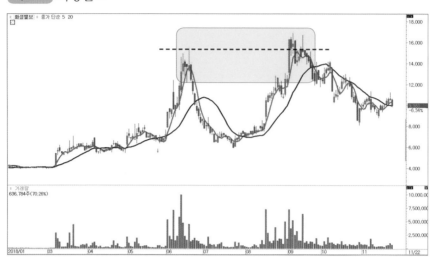

차트 11은 주가가 고점을 찍고 하락합니다. 전고점 돌파 실패 사례의 전형적인 패턴을 보여주는 쌍고점이 생겼습니다. 전고점보다 많은 대량거래가 터졌음에도 불구하고 전고점을 돌파하지 못했다면 미련을 갖지 말고 바로 매도할 수 있어야 합니다. 이게 능력입니다. 또 전고점 돌파를 예상하고 매수에 들어간 투자자라도 고점 돌파에 실패한 경우 손실에 집착하지 말고 바로 팔아야 합니다. 매도타이밍에 매도해야 다음을 기약할 수 있습니다. 작전상 후퇴를 할 줄 알아야 합니다. 기억하세요. 최고의 병법은 죽기 아니면 까무러치기가 아니라 36계 줄행랑이라는 거!

차트12 동우팜투테이블

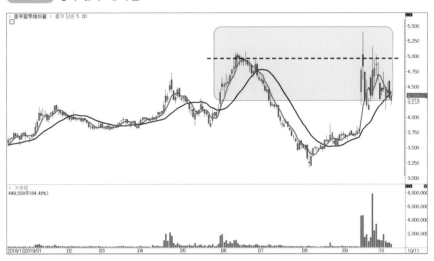

 전고점 돌파에 실패한 쌍고점 종목입니다.
보유하고 있었다면 바로 매도!

차트 12는 전고점 돌파 시점에서 장중에 강한 장대양봉을 만들어냅니다. 전고점을 돌파할 것이라는 강한 신호를 주는 것이죠. 전고점을 이렇게 강하게 돌파하는 모습이라면 공략이 가능합니다. 그러나 돌파 시도 후 장중에 밀립니다. 마감 때는 아주 안 좋은 위꼬리 달린 장대음봉으로 변했습니다. 이건 완전히 실패했다는 신호입니다. 다음 날 보면 장대음봉으로 주가가 하락합니다. 이런 종목은 종가에라도 빨리 팔고 나오는 것이 상책입니다.

차트13 신원

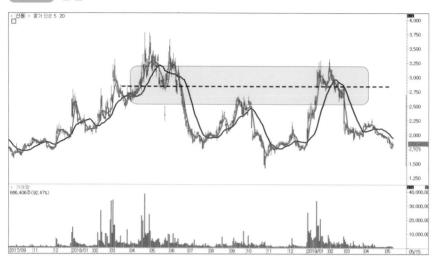

　차트 13은 크게 시세를 준 후 하락합니다. 이후 주가 반등 시도가 나오지만 힘이 약하고, 이번에 다시 돌파 시도를 하는데 전고점 부근까지 주가가 올라옵니다. 그러나 결국 돌파에는 실패합니다. 기술적 분석에서 가장 안 좋은 쌍고점이 나온 것이죠. 빨리 팔고 나오거나 관심을 거둬야 하는 종목입니다. 이후 어떻게 됐나요? 천천히 하락하다 장대양봉으로 순식간에 주가가 하락합니다.

　만약 주가가 치고 올라가는 것을 보고 매수했다고 하더라도 주가가 지지되지 못하고 하락추세를 보인다면 바로 매도해야 합니다. 어떤 상황이건 주가가 예측과 다른 움직임을 보인다면 내 생각을 버리고 추세에 순응합니다. 전고점을 돌파했다 하더라도 상승추세를 살리지 못하고 주가가 하락하면 다시 반등할 것이라는 기대는 버리는 것이 좋습니다. 내가 주가를 결정하는 것도 아닌데 마치 주가를 결정하는 위치에 있다고 착각하면 안 됩니다.

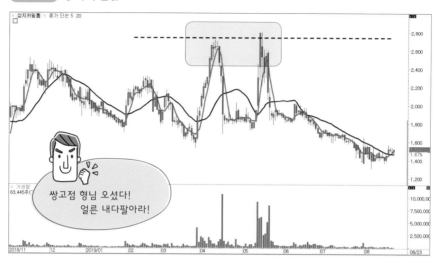

차트14 상지카일룸

차트 14는 주가가 변화무쌍합니다. 급등했다 급락했다 다시 전고점을 돌파할 것처럼 급등하지만 추가 상승에 실패합니다. 심지어 전고점을 강한 장대양봉으로 돌파합니다. 그러나 다음 날 하락장악형이 만들어지면서 안 좋은 기미를 보입니다. 이럴 때 나의 감과 경험을 믿으면 손실로 이어질 수 있습니다. 기본에 충실한 대응이 중요합니다. 차트가 어떤 형태를 보이든 전고점을 돌파하지 못하면 그 후유증은 오래갑니다. 전고점 돌파에 실패하면 당분간 그 종목은 건드리지 말라고 하는 것은 다 이유가 있기 때문입니다.

3.
전저점과 전고점
응용이 실전이다
박스권 매매

1
박스권이란
무엇인가?

▲▲▲▲▲▲▲▲

박스권이란 주가가 위로든 아래로든 일정한 방향으로 지속적으로 흐르는 것이 아니라 일정한 가격대 안에서 움직이는 것을 말합니다. 종합지수가 2,000~2,200포인트에서 왔다갔다하면 그 안의 지수가 박스권이 되는 것이고, 주가가 1,000~1,100원에서 왔다갔다하면 그 가격대가 박스권이 되는 것입니다. 박스권에서 주가가 위로 향하면 '박스권 상향 이탈', 아래로 가면 '하향 이탈'이라고 합니다.

박스권 매매는 전저점과 전고점을 이용한 매매법입니다. 전저점에서 주가가 반등에 성공하여 상승하지만 전고점 돌파에 실패하는 종목이 이런 일을 반복한다면 일정한 가격대에 주가가 갇힌 꼴이 되겠죠. 박스권 매매는 이를 이용한 투자방법이기 때문에 초보자도 할 수 있는 매매입니다. 실전에서 관심을 가지고 매매해보면 종목의 속성을 알기 때문에 충분히 매매할 수 있습니다. 이것을 잘 활용하면 단기 수익을 올리는 데 유용합니다. 그래서 전혀 모르는 종목보다 관심 있게 지켜보는 종목의 성공 확률이 높다고 말하는 것입니다.

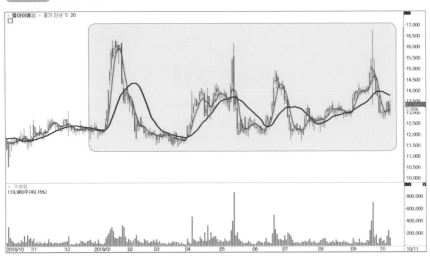

유지찰's Talk 관심 있게 지켜보는 종목이라면 박스권에서 움직일지 아닐지 어느 정도 예측
할 수 있습니다.

차트 15는 1월부터 10월까지 10개월 동안 일정한 가격대에서 주가가 움직이
고 있는 것을 볼 수 있습니다. 이를 이용하여 전저점 부근에서 매수하고 전고점
부근에서 돌파하지 못하면 매도하는 전략을 구사합니다. 주가 상단과 하단 가
격을 적어두고 매매하는 전략을 구사하여 수익을 올리면 됩니다. 이는 전저점
에서 반등하고 전고점 돌파에 실패할 때 매매하는 방법입니다. 앞에서 배운 전
저점, 전고점 매매를 응용한 것이죠. 박스권 매매는 중장기 매매가 아니라 주가
가 일정한 가격 안에 갇혀 있는 것을 발견하고 그 가격 안에서 매매하는 것이기
때문에 스윙매매가 적당합니다.

◆ 2 ◆
박스권 매매의
실전 사례

▲▲▲▲▲▲▲▲

차트16 LG이노텍

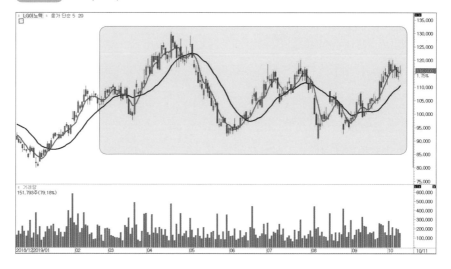

유지훈's Talk 주가가 항상 정확히 박스권 안에서만 움직이는 것은 아니기 때문에 주가 흐름을 지켜보는 것이 중요합니다.

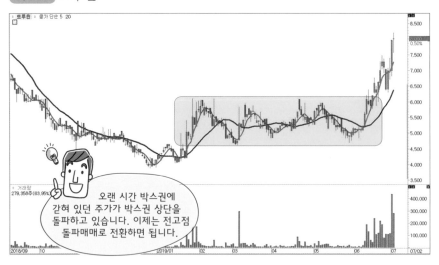

차트17 트루윈

오랜 시간 박스권에 갇혀 있던 주가가 박스권 상단을 돌파하고 있습니다. 이제는 전고점 돌파매매로 전환하면 됩니다.

차트 16처럼 주가가 박스권 안에서 움직이면 그 안에서 수익을 즐기면 됩니다. 박스권 고점 부근에서 강한 상승 에너지로 박스권을 돌파하면 그대로 들고 가고, 박스권 저점에서 매수했는데 박스권을 이탈할 경우라면 망설이지 말고 손절매하면 됩니다. 어렵지 않죠?

차트 17은 주가가 박스권에서 움직이다가 박스권을 상향 돌파하고 있습니다. 마지막 박스권 돌파 시점을 보세요. 거래량이 크게 늘었죠? 박스권 매물을 다소화하고 돌파한다는 강력한 상승 신호입니다. 이 종목도 박스권 매매를 그대로 적용하면 됩니다. 박스권 하단에서는 전저점 매매를 활용하고, 박스권 상단에서 강한 돌파의 힘이 나오면 그대로 들고 가는 거죠. 만약 박스권 상단을 뚫지 못할 거라 예상하고 매도했다면 박스권 상단을 돌파하는 모습을 보고 매수에 가담하면 됩니다. 물론 박스권 돌파 후 다시 주저앉을 수도 있습니다. 이것만은 실전에서 상황을 파악하고 재빨리 대처해야 합니다. 그래서 주가가 지지되는가를 확인하는 것이 중요합니다.

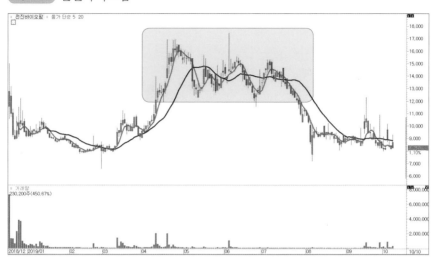

박스권 하단에서 반등에 실패하고 하락합니다. 손절매가 필요한 시점입니다.
미련을 두고 매도하지 못하면 큰 손실을 입게 됩니다.
박스권 하단 이탈 시에는 매매하지 않는 것이 최선입니다.

차트 18은 박스권을 하향 이탈하면서 주가가 크게 하락하고 있습니다. 박스권 하단부를 이탈하는 하락 에너지가 나왔다면 주저하지 말고 바로 보유하고 있는 물량을 처분해야 합니다. 그러나 실전에서는 하락하는 것을 보면서도 반등에 미련을 두고 손절매를 하지 못하는 일이 자주 발생합니다.

내가 주식을 들고 있는 경우 조금만 더 기다려보자는 심리가 지배하게 되며, 팔고 나면 오를 것 같아서 매도주문을 넣지 못합니다. 손실이 발생하고 나서야 '내가 왜 그랬을까?' 후회하지만 그때는 너무 늦습니다. 이미 너무 많은 손실을 입은 상태라 도저히 팔 수 없게 되는 것이죠. 30% 이상 손실이 난 상태에서는 손절매의 개념이 적용될 수 없습니다. 그래서 손실을 끊는 것은 실전에서 대단히 어렵습니다. 주가가 급하게 하락하는 순간에 빨리 손실을 끊는 결단력을 길러야 주식투자를 오래 하면서 돈을 벌 수 있습니다. 매수에는 이유가 있는데 매

도에는 이유가 없다면 안 되는 것이죠. 손실을 끊는 것은 누가 가르쳐줄 수 있는 것이 아닙니다. 투자자 자신이 수많은 시행착오를 거치며 연습해야 합니다. 이 책 한 권이 여러분의 계좌를 지키는 여러 가지 방법을 가르쳐줄 수는 있지만 실제 계좌는 스스로 지켜내야 합니다. 여러분의 계좌는 여러분이 관리하고 있으니까요.

차트 19는 주가가 10개월 동안 박스권에서 움직입니다. 이탈하지 않아요. 박스권의 움직임이 크지는 않지만 실전에서 지속적으로 관찰했다면 충분히 박스권 시세를 얻을 수 있었을 것입니다. 이 종목은 먼저 앞에서 배운 매매를 적용하고 박스권이 시작되면 거기에 맞춰 매매하면 됩니다. 한 번 매매했다고 종목을 지우는 것이 아니라 관심종목에 집어넣고 지속적으로 관찰하다 보면 종목의 흐름을 파악할 수 있습니다. 모두 저점에서 매수할 수는 없겠지만 한두 번만 성공해도 적지 않은 수익을 챙길 수 있는 것이죠. 매매기법이 적용되는 종목을 찾아 하나씩 수익을 올리다 보면 연말에 깜짝 놀랄 수익을 얻을 수 있을 것입니다.

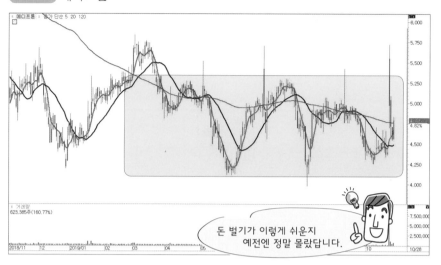

차트20 메디프론

차트 20은 차트가 지저분하죠. 움직임이 아주 지저분합니다. 그러나 자세히 보면 주가가 일정한 가격대에서 움직이고 있음을 알 수 있습니다. 정신없이 움직이고 있는 것 같지만 박스권에서 움직이고 있는 것이죠. 이런 종목은 장중매매나 단기매매로 접근하면 오히려 손실을 입을 수 있습니다. 느긋하게 기다렸다 박스권 하단을 공략하면 긴장하며 매매하는 것보다 높은 수익을 올릴 수 있습니다. 이 종목에서 알 수 있듯이 현란한 매매가 돈을 버는 것은 아닙니다. 단순하지만 기다렸다 포인트만 노리는 매매가 훨씬 높은 수익을 얻을 수 있다는 것을 명심하기 바랍니다.

4장

캔들 매매

1.
캔들의 정수,
양봉 보는 법

·1·
양봉이란
무엇인가?

▲▲▲▲▲▲▲▲

2장에서 차트 보는 법을 배울 때 캔들에는 양봉과 음봉이 있다고 했습니다. 간단히 복습하면 양봉은 그날 시가보다 주가가 상승한 경우 발생하고, 음봉은 시가보다 주가가 하락할 경우 발생합니다. 실전에서 이 둘의 차이는 '돈을 벌었나, 돈을 잃었나'라는 결과로 이어집니다. 현실에서는 '존경받는 아빠가 되느냐, 한강다리에 가는 아빠가 되느냐'입니다. 주식투자에서 최고의 가치는 돈을 버는 것입니다. 돈을 벌려고 주식투자를 하는데 돈을 벌기는커녕 손실이 발생한다면 주식투자를 할 필요가 없습니다. 그러니 돈을 벌려면 양봉을 잡아야 합니다.

양봉은 그날 시가보다 주가가 상승했을 때 표시됩니다. 시가에 주식을 샀다면 무조건 돈을 벌 수 있었다는 것이죠. 양봉 중에서도 봉이 긴 장대양봉이라면 시가에 매수했을 경우 몸통이 짧은 양봉보다 큰 수익을 얻을 수 있습니다. 만약 어제 종가에 매수하여 상한가로 마감하는 장대양봉을 먹었다면 하루 만에 30%라는 수익을 올릴 수 있습니다. 극단적으로 하한가에서 시작한 종목을 매수했는데 상한가로 마감했다면 60%의 엄청난 수익을 단 하루 만에 올릴 수 있는 것이죠. 극단적이긴 하지만 말 잔치만은 아닌 게 실제로 가끔 이런 종목이 발생합니다. 상한가는 아니더라도 10%의 장대양봉을 50%의 확률로 잡고, 음봉은 2% 내외에서 손절매할 수 있다면 주식으로 부를 이루는 것은 시간문제일 것입니다. 주식에서의 성공여부는 '양봉을 잡느냐 음봉을 잡느냐'이며, 그중에서도 장대양봉을 잡을 수 있는가에 달려있다고 봐도 과언이 아닐 것입니다.

양봉은 차트에 빨간색으로 표시되는데, 단순한 빨간색이 아니라 전일 주식을 매수한 사람과 당일 시가나 장중에 사서 보유한 모든 투자자가 돈을 벌었다는 것을 뜻합니다. 매수 후 양봉이 발생하여 돈을 번 사람은 '얼마나 더 벌 수 있을까'를, 그리고 '오늘 번 돈을 가지고 뭘 할까'라는 행복한 고민에 빠질 수 있습니다.

이제 양봉을 단순히 양봉으로만 볼 것이 아니라 내 계좌에 돈이 늘어나는 소리로 또는 표시로 받아들여야 합니다. 양봉을 잡을 줄 안다면 부자가 되는 것은 시간문제이며 한평생 남에게 아쉬운 소리 하지 않고 살 수 있는 기반을 마련할 수 있습니다.

2

장대양봉에
거래량이 붙어야 진짜다

▲▲▲▲▲▲▲▲

양봉이 발생하려면 누군가 그 주식을 매수해야 됩니다. 재료가 나오기 전에 그냥 개인만 매수해서는 장대양봉이 나오기 힘듭니다. 호재가 발생한 종목에 개인만 매수하여 나온 장대양봉의 주가는 다시 제자리로 돌아갑니다. 호재로 인해 개인들이 매수하여 주가가 오르긴 올랐는데 추가로 주가를 상승시킬 여력이 없기 때문입니다.

개인들이 호재로 주식을 매수했는데 추가로 오를 기미가 없다면 어떻게 할까요? 일단 계좌에 발생한 수익을 확정하기 위해 내다팝니다. 매수하던 투자자들이 주식을 내다파니 주가는 떨어지기 시작하겠죠. 그러면 자신이 매수한 가격에서 추가로 상승하기를 바라며 눈치만 보던 투자자들은 이미 올린 수익을 확정하기 위해 먼저 내다팔기에 바빠지게 됩니다. 이 과정에서 주가는 하락하고 주가를 지지해줄 세력이 없으니 다시 주가는 원상 복귀하는 것이죠. 그래서 장대양봉이 나오더라도 주가를 올릴 주도세력이 있는 종목이어야 합니다. 우리가 주목해야 할 장대양봉은 세력이 개입해야 할 뿐만 아니라 거래가 붙어져야 합니다. 주가가 오르기 시작하면 저가에 주식을 매수한 투자자의 계좌에는 수익이 발생하기 시작합니다. 계좌의 돈이 빨간색으로 주유소의 미터기처럼 오르기 시작하면 흥분됩니다. 이때 성질 급한 투자자는 수익을 확정하고 싶은 마음이 굴뚝같습니다. 다시 주가가 하락할 것 같은 두려움에 일단 발생한 수익을 확정하고 싶은 마음이 생기는 것입니다.

주가가 움직이기 시작하면 이 종목을 노리고 있던 투자자와 장을 지켜보고 있던 투자자가 주가를 올리는 주도세력과 함께 매수에 가담합니다. 엄청난 자금이 이 종목에 몰리기 시작하는 것이죠. 주가가 상승하면 저점에서 사서 수익을 확정하고 싶은 투자자가 물량을 던집니다. 이 물량을 주도세력과 신규투자자들이 받습니다. 막 주가가 움직일 때 매수한 신규투자자도 일정한 수익이 발생하면 그날 바로 물량을 던집니다. 이들이 장중에 사고팔고를 반복하는 '데이트레이더'들입니다. 이 과정에서 거래가 붙습니다. 이 과정을 주식투자에서는 '손바뀜'이라고 합니다. 이 손바뀜 과정에서 거래량이 발생하는 것이죠.

물론 하락할 때도 손바뀜 과정이 생깁니다. 이때는 손해를 덜 보기 위해 기존 매수자들은 내다팔고, 하락하는 종목의 저점 반등을 노리고 신규로 매수하는 투자자가 생깁니다. 장을 지켜보던 데이트레이더들이 참여하는 것이죠. 장중에 분차트나 호가를 쳐다보고 있으면 하락하는 종목도 반등할 것 같거든요. 실제로 하락하는 주가는 일직선으로 바로 하락하는 것이 아니라 하락 도중에 살짝 반등을 줍니다. 이것을 지켜보고 있으면 주가가 상승할 것 같아서 매수하게 됩니다.

하락하는 종목을 쳐다보는 데이트레이더들이 의외로 많기 때문에 주가가 하락을 잠깐만 멈추면 반등을 예상하고 선취매에 들어가는 투자자가 생깁니다. 이들이 매수하면 다른 투자자들이 매수물량이 들어왔다고 생각하고 매수에 가담합니다. 실제로는 이때 약간 반등하지만 매도세력이 큰 물량을 던지면서 주가는 추가 하락하게 됩니다. 이런 종목에서 잘난 체하다 손실을 내는 투자자가 많습니다. 물량을 처분하려는 자의 손실을 덥석 무는 것인데 하락하는 종목을 매매하는 투자자들이 절대로 돈을 못 버는 이유 중 하나가 이것입니다.

결론적으로 장대양봉에 거래량이 붙어야 관심종목에 편입시킬 수 있습니다. 거래량이 없는 장대양봉은 어떨까요? 매수주체가 없이 그냥 호가에 걸려 있는, 물량만 먹고 발생하는 장대양봉이기 때문에 아무 의미가 없습니다. 세력도 없고 매매에 참여하는 투자자도 없는 장대양봉은 실전에서 의미가 없는 것이죠.

차트1 국일제지

차트 1은 상한가가 나온 종목입니다. 전에 볼 수 없었던 엄청난 거래량이 생겼죠. 올라가는 종목은 이렇게 거래량이 크게 증가합니다.

·3·
다 같은 양봉이라도
질적 차이가 존재한다

▲▲▲▲▲▲▲▲

　양봉은 1% 상승을 해도 양봉이고 10% 상승을 해도 양봉입니다. 그러나 이 둘의 차이는 매우 큽니다. 1%의 매도물량을 먹은 것과 10%의 매도물량을 극복한 것은 그 힘의 강도에 차이가 큰 것이죠. 그래서 양봉 중에서도 장대양봉, 특히 고점에서 밀린 흔적이 없는 꼬리 없는 장대양봉이 좋으며, 특히 상한가에 잔량을 쌓아두는 아주 강력한 장대양봉이 나오는 경우 주목할 필요가 있습니다.

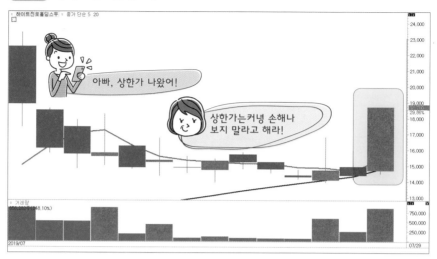

차트 2는 주가가 지루하게 하락하다가 길게 장대양봉을 뽑아낸 모습입니다. 얼마나 올랐나요? 29.86% 올랐습니다. 상한가입니다. 당일 30%의 수익을 올린 것이죠. 어제 1천만 원 매수했다면 오늘 오후에 3백만 원이 계좌에 꽂힙니다. 친구들한테 연락해 술 한잔 거하게 쏩니다. 1억이면 3천만 원이 계좌에 박히는 겁니다. 현찰로 자동차 한 대 뽑으러 가도 됩니다.

그러다가 내일 주가가 하락하여 원상복귀하면 어떻게 되나요? 다시 원금이 되나요? 아니죠. 계좌는 원금으로 돌아왔겠지만 술값이 나갔으니 술값만큼 손해입니다. 친구들에게 오랜만에 인심 썼다고 혼자 소주잔을 들며 위로해도 쓰린 마음은 사라지지 않습니다.

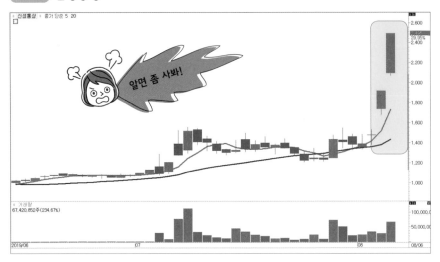

차트3 신성통상

 하락하거나 횡보하는 종목이 변화를 주려면 장대양봉이 나와야 합니다. 장대양봉은 아무 의미 없는 차트가 수익 창출 기회를 주는 종목으로 바뀌는 신호입니다.

　차트 3은 장대양봉이 연속적으로 나오고 있습니다. 장대양봉이 나오기 전에 매수했다면 큰 수익을 올렸을 것입니다. 2일 만에 1,400원이던 주식이 2,400원이 됐습니다. 1,400만 원 매수했다면 1천만 원이 계좌에 들어오는 겁니다. 대단하죠? 그러나 장대양봉이 나온 후에 발견했다면 장중에 매수하기는 어려웠을 겁니다. 이렇게 상승 중에 나오는 장대양봉은 실전에서 매수하기가 어렵습니다. '이미 많이 상승했는데 내가 사고 나서 하락하면 어떡하지?' 하는 불안감 때문인데, 주식에서 돈을 크게 잃어본 투자자라면 매수에 신중할 수밖에 없죠.

　많이 상승한 다음에 나오는 장대양봉이라면 적극적으로 매수할 게 아니라 신중을 기하는 게 맞습니다. 크게 상승한 만큼 하락의 가능성도 크고, 하락할 경우 고점에서 매수한 꼴이 되기 때문에 손실폭도 감당하기 힘들 만큼 커지니까요.

◆ 4 ◆
힘의 크기를 보여주는 장대양봉과
상한가의 차이

▲▲▲▲▲▲▲▲

차트4 필룩스

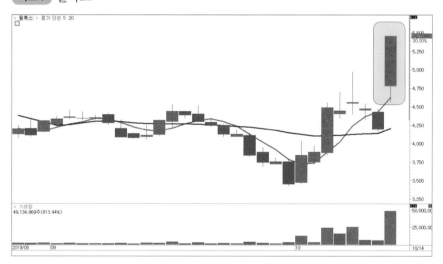

 상한가가 나왔습니다. 보유자는 하루 30%의 수익을 올린 것이죠. 대한민국 어디 가도 하루에 30%를 벌 수 있는 곳은 없습니다. 오직 주식에서만 가능합니다.

1. 캔들의 정수, 양봉 보는 법

차트 4를 보면 장대양봉이 나왔습니다. 그런데 얼마나 올랐나요? 딱 30% 올랐습니다. 유가증권시장이나 코스닥 모두 최고로 오를 수 있는 폭이 하루 30%인데 정확히 30% 올랐습니다. 1억을 매수했다면 하루 만에 무려 3천만 원을 번 것입니다. 보통 주가가 상한가에 진입한 날의 다음 날은 상승하여 출발하는 경우가 대부분이라 내일도 수익을 얻을 가능성이 높습니다. 오늘 최고 꼭지까지 올랐으니 내일은 또 얼마나 오를지 알 수 없습니다.

1% 상승한 양봉과 15% 상승한 장대양봉에는 수익률의 차이가 있습니다. 하지만 15% 상승한 장대양봉과 30% 상승하여 상한가에 들어간 장대양봉에는 15%의 수익률 차이뿐만 아니라 또 다른 차이가 있습니다.

차트5 월비스

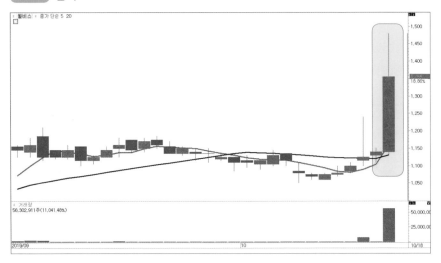

 장대양봉 위에 꼬리가 달렸습니다. 장중에 주가를 상한가까지 쭉 끌어올렸는데 고점에서 차익실현을 위한 매도물량이 나온 것이죠. 고점에서는 위험하지만 저점에서는 관심을 가지고 지켜봐야 합니다.

차트 5는 장중에 29.82%가 올랐습니다. 그런데 장을 마감할 때는 18.86% 상승으로 마감했습니다. 장중에 30% 상한가 수익을 얻을 수 있었지만 아깝죠. 그래도 19% 정도의 수익을 얻을 수 있었으니 큰 수익입니다. 호가창을 보겠습니다. 호가에 매도물량이 상당히 많이 남아 있습니다. 얼마나 있나요? 전부 373,306 주가 있습니다. 장대양봉이지만 고점에서 10% 정도 밀렸습니다. 이는 매도호가에 쌓인 물량을 흡수할 만한 자금이 이 종목에 없다는 것을 의미합니다. 한마디로 이 종목에 붙은 세력은 매도물량을 오늘 다 먹기에는 자금이 부족하거나 의지가 없다는 말입니다. 그럼 상한가는 어떨까요?

윌비스 호가창

증감	매도잔량	15:59:54	전일대비	매수잔량	증감
	81,865	1,400	22.81%		
	17,512	1,395	22.37%		
	42,540	1,390	21.93%		
	16,045	1,385	21.49%		
	111,763	1,380	21.05%		
	18,909	1,375	20.61%		
	29,808	1,370	20.18%		
	1,452	1,365	19.74%		
	51,348	1,360	19.30%		
	2,0	1,355	18.86%		

체결가	체결량		전일대비	매수잔량
		1,350	18.42%	33,824
1,365	130,690	1,345	17.98%	23,557
1,360	58,968	1,340	17.54%	20,008
1,360	38,693	1,335	17.11%	40,353
1,360	17,757	1,330	16.67%	30,761
1,355	38,821	1,325	16.23%	1,739
1,360	28,973	1,320	15.79%	23,257
1,360	43,163	1,315	15.35%	11,019
1,360	15,453	1,310	14.91%	11,224
1,355	50,736	1,305	14.47%	31,067
	373,306		-148,497	220,009
	49,944		시간외	

◆ 5 ◆
힘의 크기에 쐐기를 박는
상한가 잔량 체크!

▲▲▲▲▲▲▲▲

차트6 신스타임즈 – 매수 잔량이 쌓인 힘 있는 상한가

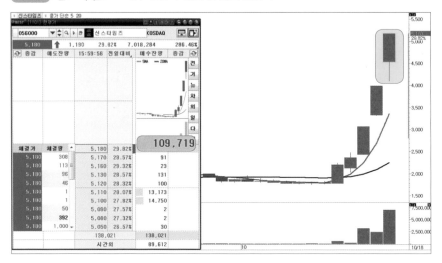

차트 6은 오늘 상한가에 진입한 종목입니다. 오늘 최고로 오를 수 있는 가격까지 상승하여 큰 수익을 냈습니다. 호가창을 보니 매도호가에 가격이 없네요?

오를 수 있는 곳까지 올랐다는 뜻입니다. 그리고 매수호가 맨 위에 쌓인 물량이 109,719주나 있습니다. 가격제한폭까지 올랐는데도 사고 싶다는 물량이 더 있는 것이죠. 돈으로 따지면 얼마인가요? 계산해보면 5억 7천만 원 정도 됩니다. 이 돈이 이 주식을 사고 싶다고 호가창 맨 위에 올라와 있습니다.

차트7 남영비비안 – 매수 잔량이 쌓인 힘 있는 상한가

차트 7은 상한가에 매수 잔량이 41,171주가 있습니다. 이 큰돈이 오늘 가격제한폭까지 올랐음에도 불구하고 매수를 원하며 상한가 잔량에 남아 있습니다. 상한가까지 도달하지 못한 장대양봉과 상한가에 진입한 종목에는 돈의 힘에 차이가 있습니다. 돈의 힘이란 바로 수급입니다. 기업가치든 뭐든 간에 주식은 일단 돈의 힘으로 움직입니다. 같은 장대양봉이라도 돈의 힘에서 차이가 난다는 것은 주식투자에서 큰 의미를 가집니다. 돈이 많은 강한 세력이 붙은 종목인가 아닌가의 차이는 내일의 주가를 결정하기 때문입니다.

상한가는 상한가인데 매도물량을 모조리 잡아먹고 매수호가에 물량을 쌓아놓는 강력한 상한가가 있는 반면 상한가 잔량을 조금만 올려놓거나 상한가에

아이엠텍 – 매수 잔량은 많지만 금액은 적은, 힘없는 상한가

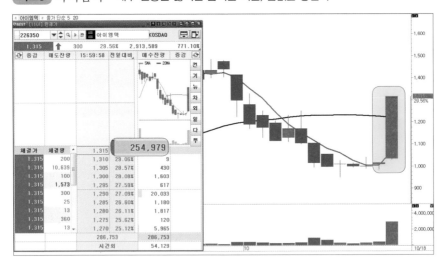

있는 물량을 살짝만 먹고 상한가의 모습을 하고 있는 종목이 있습니다. 상한가
는 상한가지만 그 강도가 약하다는 것은 호재에 의한 상승이거나 세력이 있기
는 하지만 돈이 없는 약한 세력일 가능성이 높습니다. 이런 종목은 내일 시가에
살짝 올려 물량을 처분하고 나가는 단기세력일 가능성이 높고, 그렇지 않더라
도 돈이 없는 세력이라 향후 주가 상승의 힘이 약할 수 있습니다.

　차트 8은 당일 상한가에 들어갔지만 상한가 잔량에 쌓인 물량이 254,979주입니
다. 엄청나게 많죠? 그런데 주가가 1천 원대입니다. 물량은 많지만 금액은 생각
보다 크지 않습니다. 주가가 싸다면 물량이 더 많아야 강한 종목이겠죠. 상한가
에 쏟아지는 물량을 먹을 자신이 없거나 돈이 없다는 뜻입니다. 상한가를 만들어
개인투자자들을 속여야겠는데 상한가에서 쏟아지는 막대한 물량을 다 먹을 자신
은 없는 상황입니다. 이런 종목은 같은 상한가지만 질적으로 차이가 있습니다. 그
러나 원래 거래량이 적은 종목 중에는 상한가 잔량이 적게 쌓이는 경우도 있으며,
이런 종목이 다음 날에도 상한가에 진입하기도 하니 참고만 하면 됩니다.

두산솔루스 – 상장 첫날 상한가인 경우

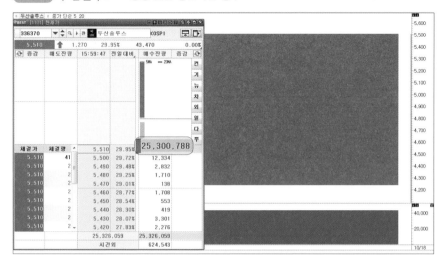

차트 9는 캔들이 하나밖에 없습니다. 오늘 상장했거든요. 상장한 첫날 상한 가인 경우입니다. 그리고 상한가 잔량이 엄청납니다. 무려 25,300,788주나 있습 니다. 못 사서 안달 난 투자자들이 넘쳐납니다. 장중에 안 사고 뭐했을까요? 이 종목은 장 시작하자마자 상한가에 안착해서 아차 하는 사이 놓쳤을 겁니다. 상 장 첫날 이렇게 강하면 다음 날도 상한가는 문제없습니다. 실제로 이날 이후 점 상한가 4번이 더 나왔습니다. 4일 만에 대박이 났네요.

지금까지 상한가에도 매수강도에 따라 차이가 있다는 것을 배웠습니다. 앞으 로는 상한가로 표시된다고 무조건 다 같은 상한가로 취급하고 대응할 것이 아 니라 매수 잔량을 체크하고 얼마나 물량이 쌓여 있는가도 확인하여 상한가의 질을 체크하세요. 그러나 상한가 잔량이 모든 것을 설명하지는 않으며 경우에 따라 해석이 달라지기 때문에 상한가 물량체크는 이런 것이 있다는 것만 알면 되겠습니다.

2.
캔들을 이용한
상승 종목 고르기

・1・
상한가가 나온 종목에
주목하라
▲▲▲▲▲▲▲▲

이번에는 캔들을 가지고 어떤 종목을 골라야 하는지 알아보겠습니다. 양봉은 주가가 상승했을 때 나오는 캔들입니다. 양봉의 길이가 긴 만큼 매수강도가 강한 것을 뜻합니다. 그런데 상한가라는 것은 무엇인가요? 당일 주가가 최고로 올라 더 이상 올라갈 곳이 없다는 것이지요. 꼭대기에서 나오는 물량을 무조건 사겠다고 작정하지 않고서야 상한가가 나오지 않습니다. 이 말은 내일 이 종목의 주가가 추가 상승할 것이 확실하니 오늘 최고가격인 상한가에 사도 손해 볼 일이 없다고 생각하는 매수 세력이 몰린다는 뜻입니다. 그래서 상한가가 나오는 종목을 주목할 필요가 있습니다.

차트 10은 상장 첫날 상한가입니다. 장 시작하자마자 상한가입니다. 아주 강한 종목입니다. 상한가는 놓쳤지만 이렇게 상한가가 나온 종목에 주목해야 합니다. 매매를 위해서도 주가 흐름을 파악하는 데도 중요하니까요.

이때 가장 중요한 것은 처음으로 나온 상한가만 주목해야 한다는 것입니다. 상한가가 여러 번 나왔다면 주가가 이미 크게 상승해 있을 것입니다. 이미 크게 상승한 종목을 매수하는 것은 위험한 행동입니다. 상한가로 상승하고 있는 종목은 잘못하다가는 큰 손실을 입을 수 있습니다. 첫 상한가는 처음으로 이 종목에 수급세력이 등장했다는 것을 나타내기도 하며, 시세의 첫 모습이라 관심을 가져야 합니다. 시세의 첫 모습이 양봉이 아니라 상한가라면 그만큼 힘이 강하다는 것이죠. 상한가에 진입한 종목을 찾기 위해 2천여 개의 종목을 모두 찾아볼 필요는 없습니다. 증권사 HTS에서는 상한가로 진입한 종목을 실시간으로 알려주고 있기 때문입니다.

상한가

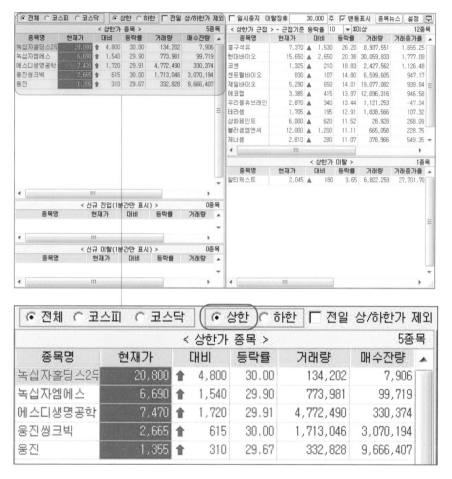

표를 보면 상한가에 진입한 종목을 보여주고 있습니다. 예전에는 코스닥에서 최고로 올라갈 수 있는 폭이 12%였는데 후에 15%로 올랐다가 지금은 거래소와 마찬가지로 30%로 변했습니다. 하루에 벌 수 있는 폭이 그만큼 커졌고, 위험도 늘었습니다. 오늘은 상한가가 다섯 종목에서 나왔습니다. 아까 배웠던 것들을 실전에서 적용하면 됩니다. 필요한 것들만 설명했으니 모르는 것이 있으면 다시 읽어보세요. 여러 종목들이 상한가에 진입했는데 몇 종목 살펴보겠습니다.

 하락하는 종목, 크게 상승하고 있는 종목이 아니라
바닥에서 상한가와 장대양봉이 나온 종목을 찾아야 답을 얻을 수 있습니다.

차트 11은 어떤가요? 주가가 어느 정도 하락한 다음에는 지지해주는 모습을 보이고 있습니다. 그러다가 골든크로스를 만들면서 상한가를 만듭니다. 첫 상한가일 뿐만 아니라 저항선을 상한가로 강력하게 돌파했으니 주목할 필요가 있습니다. 주의할 것은 이런 종목을 주목하라는 것이지 다음 날 무작정 매수하라는 게 아닙니다. 내일 이 종목의 흐름이 어떻게 될지는 아무도 모릅니다. 만약 아침부터 상한가로 진입한다면 투자자는 매수할 기회를 얻기 힘들 것입니다.

상한가가 두 번이라면 이미 크게 상승한 상태이기 때문에 다음 날 매수할 기회가 있다고 해도 부담스러울 것입니다. 상한가가 다음 날 급상승하거나 다시 급락하는 경우라면 매매할 기회조차 가질 수 없는 것이죠. 첫 상한가 종목은 일단 주목하고 급등이나 급락이 아닌 매수기회가 나타났을 때 매매에 들어가야 합니다. 무작정 매매하지 말고 상한가 다음 날의 주가 흐름을 보세요.

차트12 에스디생명공학

 바닥에서의 첫 상한가는 항상 주목할 필요가 있습니다.
누군가 이 종목에 개입한 흔적이자 주가의 변화를 말하고 있기 때문입니다.
추가 상승 가능성이 높은 재료가 나왔다면 특히 관심을 가져야 합니다.

차트 12를 보니 오늘 상한가가 나왔습니다. 그런데 어떤가요? 5천 원대의 주식이 하루 만에 30%가 올라 7,470원이 됐습니다. 호재가 나온 것이 틀림없는 종목입니다. 이렇게 갑자기 갭상승으로 급등한 종목의 호재는 개인이 알기 어렵습니다. 이런 종목은 일단 지켜봐야 하는 것이죠. 처음부터 급등주를 노리겠다고 작정하고 달려들면 큰일 납니다.

이런 종목만 노리는 투자자의 99%가 쪽박입니다. 이런 투자를 하고 있다면 얼마 후 당신도 쪽박 대열에 합류해 있을 가능성이 높습니다. 이런 종목에 투자하지 말라고 누누이 얘기해도 아무 소용이 없다가 어느 날 이런 종목에 투자하면 안 된다는 것을 깨닫는 날이 옵니다. 언제일까요? 쪽박을 차거나 회복 불능의 계좌를 확인하게 되는 날입니다. 문제는 이런 사실을 깨달아도 계속 이런 종목에 투자한다는 것입니다. 이미 큰돈을 날린 상태라 빨리 원금을 회복하고 싶

143

2. 캔들을 이용한 상승 종목 고르기

은 마음에 한 방을 노리고 계속 위험한 종목에 뛰어듭니다. 천천히 움직이는 우량주에 투자하는 걸로는 원금회복이 너무나 느려 보이기 때문입니다.

차트13 웅진

주가 급락 이후 점상한가가 나오고 오늘 다시 상한가가 나왔습니다.
재료 변동에 의한 급격한 주가 변화입니다.
대형 호재가 터졌다면 추가 상승하는 종목이 많으므로 이런 종목은
주가 안정 후 매수기회가 있는지 살펴보아야 합니다.

차트 13은 아주 강한 종목입니다. 갭상승으로 출발하여 장중에 밀리긴 했지만 상한가로 마감합니다. 어제는 아예 점상한가입니다. 아침 시작부터 상한가라는 것이죠. 아침에 눈을 떴는데 내 종목이 상한가라면 얼마나 좋을까요? 자고 일어났더니 30%의 수익이라니? 생각만 해도 좋죠. 그리고 오늘 다시 상한가! 이런 종목을 한 달에 한 종목만 잡을 수 있다면 부자가 되는 것은 시간문제일 겁니다. 상상만 해도 기분 좋지만 상상에서 멈춰야지 이런 종목을 찾아다녀서는 안 됩니다. 막상 찾으면 보이지도 않아요.

◆ 2 ◆
상한가 종목을
꾸준히 관리하라

▲▲▲▲▲▲▲▲

　꼭 상한가 종목만을 노리지는 않더라도 상한가에 들어간 종목을 항상 주목할 필요는 있습니다. 상한가 종목에 어떤 호재가 있는지 차트는 어떻게 변하는지 늘 관심을 가져야 합니다. 앞에서 살펴본 것처럼 상한가에 새로 진입하는 종목에 관한 정보는 모든 증권사 HTS에서 제공하고 있습니다. 상한가에 진입하는 종목을 일일이 찍어서 차트로 확인하기 바랍니다. 이 일을 계속하다 보면 상한가 종목을 바로 잡지는 못하더라도 차트를 보는 눈은 높여줄 것입니다.

상한가

종목명	현재가	대비	등락률	거래량	거래증가율	매도잔량	매수잔량	최종진입	연속
남영비비안	20,650 ↑	4,750	29.87	1,570,510	1,967.58		41,171	15:14:31	1
신스타임즈	5,160 ↑	1,190	29.82	7,018,284	186.45		109,719	14:32:52	3
아이엠텍	1,315 ↑	300	29.56	2,913,589	671.10		254,979	10:32:36	1
두산퓨얼셀1우	4,210 ↑	970	29.94	27,177			130,808	09:03:13	1
두산솔루스2우B	4,640 ↑	1,070	29.97	433			106,214	09:02:50	1
두산솔루스	5,510 ↑	1,270	29.95	43,470			25,300,788	09:02:48	1
두산솔루스1우	4,210 ↑	970	29.94	13,113			257,094	09:02:47	1
두산퓨얼셀	5,510 ↑	1,270	29.95	370,645			10,623,459	09:02:28	1
두산퓨얼셀2우B	4,640 ↑	1,070	29.97	2,000			88,646	09:02:12	1

상한가에 진입한 종목들입니다. 장이 상승추세에 있다면 상한가가 많이 나올 것이고, 장이 나쁘다면 상한가보다 하한가나 하락하는 종목이 많이 나올 것입니다. 상한가는 개별종목뿐만 아니라 장의 전체적인 추세를 파악하는 데 도움이 됩니다. 9개의 상한가 종목이 있습니다. 이 종목들의 차트를 일일이 확인해보라고 말했습니다. 주식에서 돈을 벌려면 이 정도의 수고는 당연히 해야겠죠.

또 상한가가 나온 종목을 하루만 확인하고 넘겨버리지 말고 어떤 주가 흐름을 보이는지 꾸준히 확인하기 바랍니다. 상한가 나온 종목은 일단 강한 매수세가 등장한 종목입니다. 장의 상승이나 종목의 일시적인 호재에 의한 상한가라면 다시 주가는 제자리로 돌아가거나 연속적인 상승 흐름을 보여주진 못할 것입니다. 그러나 세력이 개입하고 강한 호재를 안고 있는 종목이라면 상한가한 방으로 끝나지 않습니다.

첫 상한가 이후 연속적으로 상한가가 출현한다면 따라 들어가다 물릴 가능성이 높습니다. 매매할 기회도 주지 않기 때문에 개인 입장에서 매매하기란 거의 불가능합니다. 그러나 상한가 이후 주가가 조정을 받으면서 차트를 만들어가는 모습을 보인다면 이 종목의 흐름이 세력에 의한 것이 아닌지 의심하고 관심종목에 편입하여 매매준비를 해야 됩니다. 관심을 가지고 지켜봤는데 주가의 흐름이 별것 없으면 관심종목에서 제외시키면 됩니다.

이렇게 지속적으로 차트가 살아 움직이는 종목은 편입하고 아니면 버리고 다시 좋은 차트가 나타나면 편입하고 버리는 과정을 통해 가장 좋은 차트가 추려지면 매매에 들어갑니다. 이렇게 말하면 매매를 많이 해야 할 것 같지만 자신이 가장 좋다고 생각하는 종목만 고르는 것이기 때문에 오히려 매매가 줄어듭니다.

물론 이 과정에서 급등주나 정말 좋은 종목을 놓칠 수도 있습니다. 그러나 상승하는 모든 종목을 잡는다는 것은 불가능하며 욕심입니다. 당신을 부자로 만들어주는 것은 고르고 고른 후에 선택된 몇몇 종목이라는 걸 기억하세요.

3
캔들이 길어지는
종목을 노려라

▲▲▲▲▲▲▲▲

　특정 종목의 주가를 움직일 만한 수급세력이 없다면 그 종목은 횡보하거나 큰 움직임을 주지 않을 것입니다. 장에 의해 약간씩 이리저리 움직일 가능성이 높습니다. 이런 종목은 단타매매도 불가능합니다. 단타매매는 말할 것도 없고 미리 움직였다가는 손해 보기 십상입니다. 그냥 지켜보면서 건들지 말아야 되는 것이죠.

　종목을 매매하려면 수급세력이 들어와야 합니다. 수급세력이 들어온 증거는 무엇일까요? 수급세력이 들어오면 캔들이 길어지고 변화가 나타납니다. 그와 더불어 거래량도 늘어납니다. 주인이 없던 종목에 누군가가 개입하여 주가를 움직이기 위해 거래를 일으키고 있으면 당연히 캔들 길이가 길어지고 거래가 늘어나는 모습이 차트에 나타나게 됩니다. 이런 차트를 발견한다면 그 종목에 관심을 가지고 어떤 호재가 발생했는지 메이저가 매수하는지 알아보고 매수 타이밍을 잡아야 합니다.

20일선 밑에서 주가가 움직이고 있습니다.
이때는 관심을 가져서는 안 됩니다.
오늘처럼 강한 상승이 나와 주면서 큰 변화를 주면 그때 쳐다보는 겁니다.

　차트 14를 보겠습니다. 주가가 천천히 하락하고 있네요. 수급 주체가 없었다는 것이죠. 그런데 장대양봉이 발생하고 거래량이 늘면서 주가가 크게 상승하고 있는 모습입니다. 20% 상승했습니다. 상한가는 아니지만 이전의 상한가가 15%였던 걸 생각하면 크게 올라간 상태입니다.

　'상한가도 아닌데 뭘' 하는 사람도 있을 거예요. 하지만 생각해보세요. 하루에 20%가 상승했습니다. 은행이자 10배를 하루에 번 셈입니다. 은행에 10년 넣어둬야 받을 수 있는 이자를 단 하루에 벌었습니다. 이게 주식의 매력입니다. 수익은 극대화하고 손실은 작게 할 수 있다면 주식시장을 일터로 삼아도 됩니다. 그러나 오늘 장대양봉에 매수한 투자자도 있겠지만 그렇지 못한 투자자가 더 많겠죠. 일단 캔들이 길어지고 변화가 있다는 것은 매매기회를 제공하고 있는 것이니 관심종목에 넣어야 합니다. 이 종목이 어떻게 변했는지 볼까요?

차트15 제이엠아이

 하락하던 종목에 강한 양봉이 나오자 주가가 어떻게 변하고 있나요? 5일선을 타고 상승합니다. 하락하는 종목의 바닥을 미리 예측하지 말고 이 종목처럼 변화를 보이면 그때 관심종목으로 선정하는 겁니다.

차트 15는 주가가 큰 시세를 주는 모습입니다. 약간의 조정이 있지만 5일선을 이탈하지 않고 살리면서 쭉 상승하고 있습니다. 이럴 때는 이동평균선을 활용한 5일선 매매를 하면 됩니다. 이런 종목을 매매해야 하는데 많은 개인투자자들은 횡보하거나 서서히 하락하는 종목, 움직임이 없는 종목을 매수하는 경우가 많습니다. 그런 종목을 매수하고선 "올라라, 올라라!" 하고 주문을 외웁니다. 이런 식의 매매로는 주식으로 돈을 벌기가 어렵습니다. 수급 주체가 들어와 캔들이 움직이는 종목을 노려야 답이 나온다는 걸 기억하세요.

앞에서 장대양봉이 나온 후 오랜 기간 횡보 후 다시 장대양봉이 나왔습니다.
단기투자자 대부분은 이때부터 이 종목을 쳐다봅니다.
앞으로 단기매매하기 좋은 모습을 보여줄 가능성이 높기 때문이죠.

　　차트 16도 마찬가지입니다. 횡보할 때는 거래량이 없으니까 장에 따라 이리
저리 움직이고 있습니다. 이평선이나 다른 기술적 분석이 의미가 없는 것이죠.
상승과 하락이 의미 없이 움직이다가 거래량이 터지고 장대양봉이 나오니 주목
할 종목이 되었습니다.

　　단기시세든 대형시세든 한 번 주가를 올리겠다는 모습이죠? 만약 대형주에
수급주체가 들어왔을 경우라면 상승 가능성이 높습니다. 소형주 같은 경우는
단기시세가 끝날 가능성도 있지만 대형주에 외국인이나 기관 같은 대형 수급주
체가 확인될 경우 추가 상승 가능성이 높습니다. 추세적인 상승이라면 우리는
대세상승 종목을 초기에 발굴한 것이 되겠죠. 초기에 종목을 발굴했다면 그 수
익의 끝은 알 수 없습니다. 그래서 의미 없이 움직이던 종목에 장대양봉이 나온
다면 관심종목에 집어넣고 관찰하라고 하는 것입니다. 이런 종목들을 계속 찾

등락률 상위 종목

종목명	현재가	대비		등락률	거래량	매도잔량	매도호가	매수호가	매수잔량	연속	L(일봉)H
두산솔루스2우B	4,640	⬆	1,070	29.97	433			4,640	106,214	1	
두산퓨얼셀2우B	4,640	⬆	1,070	29.97	2,385			4,640	88,646	1	
두산솔루스	5,510	⬆	1,270	29.95	43,470			5,510	25,300,788	1	
두산퓨얼셀	5,510	⬆	1,270	29.95	370,645			5,510	10,623,459	1	
두산솔루스1우	4,210	⬆	970	29.94	13,113			4,210	257,094	1	
두산퓨얼셀1우	4,210	⬆	970	29.94	27,177			4,210	130,808	1	
남영비비안	20,650	⬆	4,750	29.87	1,570,510			20,650	41,171	2	
신스타임즈	5,180	⬆	1,190	29.82	7,018,284			5,180	109,719	5	
아이엠텍	1,315	⬆	300	29.56	2,913,589			1,315	254,979	2	
윌비스	1,355	▲	215	18.86	56,302,911	2,064	1,355	1,350	33,824	6	
포티스	728	▲	113	18.37	12,359,797	2,084	729	728	561	1	
라온피플	15,550	▲	2,250	16.92	11,129,921	6,811	15,600	15,550	3,063	1	
금양	2,460	▲	335	15.76	7,098,351	121	2,465	2,460	2,143	3	
코리아써키트	8,230	▲	1,120	15.75	4,226,435	156	8,230	8,220	4,902	4	
제이엠아이	1,375	▲	180	15.06	1,954,202	28,027	1,375	1,370	1,153	1	
에이치엘비생명과	22,200	▲	2,650	13.55	6,839,488	2,818	22,200	22,150	19,306	3	
6V	2,690	▲	290	12.08	4,154,604	14,520	2,695	2,690	18,962	1	
고려시멘트	3,235	▲	325	11.17	26,649,894	2,303	3,240	3,235	3,813	1	
NE능률	3,545	▲	350	10.95	672,473	1,889	3,550	3,545	4,558	2	
뉴인텍	1,635	▲	160	10.85	4,134,246	1,315	1,640	1,635	2,329	1	

아 흐름을 연구하다 보면 어느 순간 올라가는 종목이 어떤 것인지 감이 옵니다. 그때부터 수익이 창출됩니다.

　HTS에서 상한가뿐만 아니라 등락률 상위 종목을 잘 체크하여 좋은 종목들은 관심종목에 세팅해 놓습니다. 매매를 하지 않더라도 주가가 어떻게 흘러가는지 잘 관찰한다면 실력 향상에 도움이 될 것입니다.

20일선을 양봉으로
뚫는 종목이면 잡아라

▲▲▲▲▲▲▲▲

　양봉은 수급을 기초로 하는 차트 매매에서 가장 기본적인 역할을 합니다. 주가가 상승할 때 나오는 것이 양봉이고, 매수세가 몰릴 때는 장대양봉이 나옵니다. 양봉이 좋다는 것은 알았는데 어떻게 실전에 응용할 수 있을까요?

　한참 상승 중에 나오는 장대양봉은 매매하기 곤란합니다. 이미 장대양봉이 연속적으로 출현하고 있는 종목은 저점 대비 상승폭이 클 것이고 언제 하락으로 돌변할지 알 수 없으니까요. 장대양봉이 연속으로 출현한 종목은 보기만 해도 불안합니다. 일반 개인이 섣불리 매수에 가담하기에는 너무 위험합니다. 단지 주가가 움직인다는 이유만으로 이런 종목을 매수하는 투자자도 있지만 대부분 큰 손실로 이어지는 것이 현실입니다. 주가를 저점에서부터 상승시켰던 주도세력은 개인들이 달라붙는 곳이 물량을 정리하는 시점이 되니까요. 주가를 상승시켰으면 팔아야 수익을 확정하는 것이니까 이를 위해서는 개인들이 달라붙는 시점에 물량을 정리합니다.

따라서 추세 상승 중인 장대양봉은 매수가 아니라 관찰만 하면 됩니다. 장대양봉이 좋은 것은 알겠는데 일반 개인이 매수할 수 없다면 소용없겠죠. 차트 매매를 하는 분들 중 수익이 나지 않거나 초보인 분들은 추세 상승 중인 종목은 매매하지 마세요. 특히 직장인들은 호재가 나왔다고 무작정 매수하지 말고 꼭 차트를 지켜보고 주가가 어느 위치에 있는지 확인해야 합니다. 아무리 좋은 호재가 나왔다고 해도 장대양봉으로 연속적으로 상승하고 있는 종목이라면 돈을 벌 가능성보다 잃을 가능성이 높기 때문입니다. 소심하다고 할 수도 있지만 개인투자자들이 이런 종목에 무작정 들어갔다가 큰 손실로 이어지는 경우가 많기 때문에 조심하라는 겁니다.

주식투자에서 돈을 벌려면 돈 벌 확률이 가장 높은 종목에 들어가야 합니다. 또 확률이 높다고 다 돈을 버는 것도 아닙니다. 말 그대로 '확률'이니까요. 잃을 확률보다 수익을 올릴 확률이 높은 종목에 투자해야 하고, 확률 높은 게임을 계속하다 보면 실력이 나타나면서 안정적인 수익으로 변하는 시기가 옵니다. 이때까지 일단 살아남는 것이 중요합니다.

상승 중인 장대양봉을 포기하면 어디서 나오는 장대양봉을 매수해야 할까요? 먼저 20일선을 장대양봉으로 뚫는 종목에 주목합니다. 20일 이동평균선이라 불리는 20일선은 어떤 의미를 가지고 있을까요? 차트 매매의 기준은 20일선입니다. 강력한 저항선이자 기준선인 20일선을 강력한 수급 캔들인 장대양봉으로 뚫었다는 것에 주목해야지요. 앞으로 20일선을 장대양봉으로 뚫은 종목은 그냥 지나치지 말고 관심종목에 올려놓고 흐름을 관찰하기 바랍니다.

장대양봉 중에서도 상한가로 20일선을 뚫는 종목은 특히 주목하세요. 저항선이자 기준선인 20일선을 장대양봉으로도 모자라 호가 맨 꼭대기에 물량을 쌓아두는 강한 힘이라면 뭔가 있다는 것이죠. 실전에서 어떤 종목인지 찾아보겠습니다.

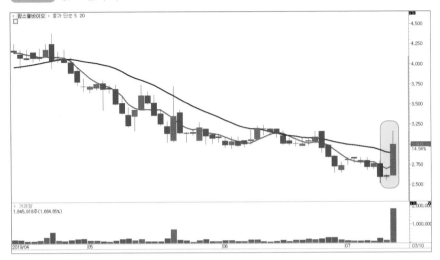

 하락추세 중에 20일선 돌파 시도가 나오기도 했으나 결과는 모두 실패! 하지만 이번은 다릅니다. 20일선을 장대양봉의 대량거래와 함께 뚫었기 때문이죠. 이제부터 관심 집중!

　차트 17을 보면 하락추세 종목입니다. 주가가 쉼 없이 줄줄 흘러내리고 있습니다. 가끔 20일선 돌파 시도를 하지만 번번이 실패합니다. 그런데 최근 주가가 20일선과 더 벌어져 있죠. 하락추세는 아직 멈추지 않을 것 같은 모습입니다. 그런데 오늘 갑자기 거래량이 실린 장대양봉이 나오더니 20일선을 단숨에 돌파했습니다. 장 마감을 살펴보니 강력한 저항성인 20일선을 돌파하고 마감했습니다. 오늘 나온 장대양봉에 힘이 있다는 것이죠. 내일 어떻게 되나 보겠습니다.

20일선을 강하게 장대양봉으로 뚫고 올라가니 그 힘이 다음 날까지 이어집니다. 주가가 하락하는 종목에 강한 호재가 나왔거나 단기세력이 진입했을 경우 이런 차트가 만들어집니다. 이런 종목은 차트를 보고 기업에 어떤 변화가 일어났는지 살펴보면 됩니다. 20일선을 강하게 뚫고 올라가는 종목이 있다면 그냥 흘려보내지 말고 계속 관찰해보세요. 주가 흐름을 연구하는 데 도움이 됩니다. 배울 때는 이런 종목을 흘려보내지 말고 꾸준히 관찰하는 것이 좋습니다.

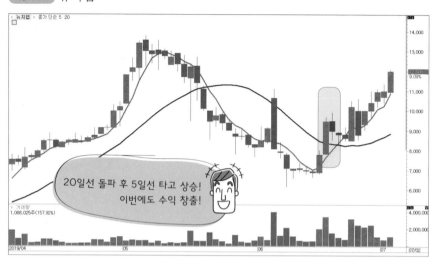

차트 19는 주가가 연일 하락하고 있습니다. 그러다 주가가 잠시 횡보하더니 양봉이 나오면서 20일선을 뚫고 올라갑니다. 주가는 상승을 멈추지 않고 20일선을 장대양봉으로 뚫은 강력한 힘을 유지하면서 시세를 줍니다. 이 종목은 20일선을 강한 장대양봉으로 뚫고 지속적으로 상승합니다. 그리고 앞에서 배운 5일선을 타고 주가가 올라가고 있습니다. 이 종목은 초보투자자에게도 매수기회를 주고 있는 셈입니다.

만약 20일선을 장대양봉으로 뚫어 주목했는데 매수기회도 주지 않고 급등한 종목이라면? 포기하면 됩니다! 주식시장에는 수많은 종목이 상장되어 있고 언제든지 매매할 수 있습니다. 한 종목을 놓쳤다고 주식시장에서 돈 벌 기회가 영영 없는 것이 아닙니다. 앞으로 투자하다가 놓친 종목이 있다고 하더라도 아쉬워하지 말고 성공투자를 위한 과정이라고 생각하기 바랍니다. 매매할 수 있는 건 매매하고 놓친 건 포기합니다. 다시 말하지만 매매할 수 있는 종목은 언제든지 새로 탄생합니다.

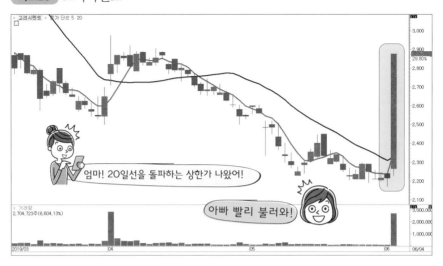

차트20 고려시멘트

차트 20을 보면 주가가 하락한 후 갑자기 장대양봉으로 20일선을 뚫고 상승하더니 상한가로 치고 올라갔습니다. 상한가가 15%일 때는 20일선을 뚫는 강한 장대양봉이 상한가인 경우가 많았습니다. 상한가가 30%로 늘어난 이후에는 쉽지 않은 일인데, 상한가가 나온 겁니다. 이럴 때는 그만큼 강한 재료나 세력이 붙었다고 봐도 됩니다.

이런 종목을 일반 투자자가 매수하는 것은 거의 불가능합니다. 그래서 20일선을 뚫은 장대양봉에서는 못 샀을 테니 일단 주목하라고 말하는 겁니다. 20일선을 강한 장대양봉으로 뚫었다면 그 매수강도는 장대양봉 하나로 끝나지는 않을 테니까요. 바로 상승추세를 이어가는 종목도 있겠고, 장대양봉 하나만 만들고 다시 하락하는 종목도 있을 것입니다.

세력이 개입한 종목이라면 장대양봉 하나로 끝나는 것이 아니라 20일선을 강한 양봉으로 뚫는 모습을 보고 따라 들어온 데이트레이더들이 나가도록 조정한 다음 본격적으로 상승할 수도 있습니다. 세력이 장대양봉 하나 만들려고 들어온 것이 아닐 것이란 말이죠. 그러니 장대양봉 이후 2차 시세를 누립니다. 이러

157

2. 캔들을 이용한 상승 종목 고르기

 장대음봉으로 주가가 급락한 후 횡보하다가 20일선을 양봉으로 돌파합니다. 갑작스럽게 급락한 종목이 더 이상 하락하지 않고 횡보한다면 이때부터 지켜봐야 합니다. 이후 20일선을 돌파하는 양봉이 나온다면 장대음봉을 극복하는 상승이 나올 가능성이 높습니다. 관심을 가지고 봐야 하는 종목인 것이죠.

종목을 연구하여 추가 상승하는 종목을 1년에 몇 종목만 잡을 수 있어도 주식시장에서 돈 벌고 나갑니다. 이런 종목이 2차 시세를 주면 몇십 프로 상승은 기본입니다. 주식투자는 돈을 벌려고 하는 것입니다. 쉬운 방법이든 어려운 방법이든 일단 돈만 벌면 됩니다. 그래서 개인투자자는 너무 어려운 방법을 생각할 필요가 없습니다.

차트 21은 주가가 20일선을 뚫고 하락한 다음 바닥을 다집니다. 그리고 양봉으로 20일선을 뚫고 상승하는 모습입니다. 이 종목이 20일선을 뚫을 때 위아래로 꼬리 달린 모습이지만 그 후 양봉에서 따라 들어온 투자자의 물량을 소화시키고 상승하고 있습니다.

예전에는 바닥을 다지고 있는 주가와 20일선의 사이가 매우 넓은 경우도 있었습니다. 장대양봉이 상한가로 나온다고 해도 주가가 20일선에 턱걸이를 하거나 미치지 못하지요. 그러면 20일선을 뚫는 힘이 약하다고 판단한 매도세력에 의해 매물을 받고 20일선 돌파에 실패할 수도 있었습니다.

그래서 20일선과의 거리를 메우는 단봉이 나오는 경우가 많았는데 주가를 올리는 입장에서는 부담이 줄어듭니다. 어차피 20일선을 뚫게 되면 매도세력의 공세를 받아야 될 테니까요. 조금이라도 싼 가격에 물량을 받는 게 낫습니다. 이 과정에서 20일선을 장대양봉으로 뚫을 때는 거래량이 터지게 되는데 이게 정석입니다. 20일선을 뚫는 주체세력과 신규매수자가 20일선에서 치열한 매매 공방이 이어지게 되는데 이로 인해 자연스럽게 거래량이 늘어납니다.

주가가 상승하려면 매도물량을 소화해야 합니다. 따라서 장대양봉으로 20일선을 뚫을 때뿐만 아니라 다른 곳에서도 대부분 큰 거래량을 동반하게 됩니다. 만약 20일선을 장대양봉으로 뚫었는데 거래량이 없다면 장대양봉의 신뢰도는 떨어질 것입니다. 잠재적인 매도세력의 물량을 받지 못한 상태이기 때문에 손바뀜이라고 말하는 과정이 생략된 것입니다. 이 때문에 장대양봉의 신뢰도는 거래량이 있을 때보다 떨어지게 됩니다.

차트 22는 장대음봉으로 주가가 20일선을 깨고 하락한 다음 지지캔들이 연속으로 나옵니다. 이후 주가를 20일선 위로 올리고 있네요. 투자자를 공포로 몰아넣은 장대음봉 이후 주가가 추가 하락하지 않고 연속 지지캔들이 나오는데, 지지캔들을 잘 보면 거래량이 전혀 없습니다. 그런데 조금씩이라도 주가가 올라가고 있어요. 일시적인 매물에 의해 주가는 하락했지만 이대로 끝낼 의사가 없다는 표시입니다.

지지캔들 이후 일단 20일선을 뚫어 놓습니다. 이 종목을 포기할 의사가 없는 주도세력이 일단 20일선을 돌파시켜 놓았으니 공략 가능한 종목인 것이죠. 실제로 다음 날 장대양봉이 나오고 오늘은 상한가에 주가가 안착합니다. 이런 식으로 시세를 주는 경우가 많기 때문에 저항선인 20일선을 돌파하는 종목을 잘 찾아볼 필요가 있습니다. 이런 종목은 주가가 어떻게 움직이는지 공부 차원에서라도 꾸준히 관찰해야 합니다.

◆5◆
20일선 위에
안착한 종목을 노려라

▲▲▲▲▲▲▲▲

　20일 이동평균선은 차트 매매에서 가장 중요한 기준선입니다. 주가가 20일
선 밑에 있으면 20일선이 강력한 저항선이 되고, 주가가 20일선 위에 있으면 20
일선은 강력한 지지선이 됩니다. 다른 이동평균선도 많은데 왜 꼭 20일선일까
요? 많은 투자자들이 20일선을 주시하면서 투자 지표로 삼고 있기 때문입니다.
그래서 20일선을 돌파한 종목, 그중에서도 강한 매수세의 징표인 장대양봉으로
20일선을 돌파하는 종목을 주목하라고 말하는 겁니다.

　그러나 20일선을 돌파하고 나서 주가가 힘없이 굴더니 연속적으로 음봉이 발
생하고, 20일선을 하향 이탈한다면 아무 소용이 없겠죠. 이런 일은 장대양봉이
나오기는 했지만 매수주체가 없을 때 나타납니다. 받아줄 세력이 없으니 매도
공세를 이기지 못하고 음봉을 발생하면서 20일선을 하향 이탈하는 것입니다.

　20일선을 하향 이탈하지 않고 장대양봉 후 주가를 관리하는 세력이 있다면
어떻게 될까요? 당연히 20일선을 관리합니다. 따라서 20일선이 강력한 지지 역
할을 한다면 주가가 20일선 위에 존재할 때 투자해야 하는 것이고, 주가가 강력

한 저항선을 뚫고 20일선 위에 존재하고 있으니 관심종목 1순위가 됩니다.

기본적인 내용이지만 많은 투자자들은 이 정도의 기준도 없이 마구잡이로 자신의 경험과 감만으로 투자하고 있습니다. 나는 무조건 기업가치를 보고 장기투자하겠다는 분들은 괜찮습니다. 그러나 차트 매매를 하거나 또는 가치투자를 하는 분들 중에서도 주가의 위치나 매매타이밍을 잡기 위해 차트를 보는 분이라면 반드시 주가가 20일선 위에 있는가 없는가를 확인해야 합니다. 차트 매매만 한다면 말할 것도 없습니다.

지금 자신이 지켜보고 있는, 혹은 보유하고 있는 종목이 어디에 있는지 확인하십시오. 저 멀리 별나라 달나라에 가 있는 것은 아닌지, 아니면 20일선을 하향 이탈한 종목을 보유하고 있지는 않은지, 그리하여 매일 투자금액을 봄에 눈녹듯 까먹고 있지는 않은지 반드시 확인해야 합니다. 만약 지금 그런 경우라면 주식투자로 돈 벌 확률은 0%라고 확언할 수 있습니다. 거의 모든 투자자들이 이런 매매방법으로 돈을 날리고 증시에 침을 뱉는 것이 현실입니다. 이런 말을 아무리 해도 앞으로도 이런 투자자가 수두룩할 겁니다. 책의 내용에 공감하지만 실전에서 적용할 자신이 없거나 자만하고 있기 때문입니다. 이미 자신만의 투자방법에 익숙해져서 고칠 생각을 전혀 안 하는 것이죠. 그래서 처음 배울 때 기본을 확실히 다지는 게 중요합니다.

무조건 주가가 20일선 위에 있는 종목만 골라야 합니다. 투자할 때 종목을 고르는 기준으로 주가가 20일선 위에 있느냐 없느냐를 확인한 후 주가가 20일선 밑에 있는 종목은 버리고, 20일선 위에 안착한 종목이라면 관심종목에 집어넣고 열심히 지켜보세요. 초보투자자라면 이것을 반드시 지켜주기 바랍니다. 이것만 지켜도 돈 벌 확률이 지금보다 50% 이상은 상승한다고 봅니다.

주식투자를 하는 분들이 가장 저지르기 쉬운 실수는 차트가 망가졌음에도 불구하고 계속 그 종목을 매매하는 것입니다. 차트 매매에서 가장 중요하고 기초적인 것은 매수타이밍이 나오면 매수하고, 차트가 무너지면 버리는 것입니다.

처음에 매수타이밍이 나와 매수했는데 그 후 차트가 망가졌음에도 불구하고 매도하지 않거나 계속 관심종목에 올려놓고 매매하는 경우가 너무나 많습니다. 주식투자자의 계좌가 망가지는 이유가 바로 이것입니다. 상당수의 투자자들이 이런 식으로 망해갑니다. 그러면서 '돈을 벌 것 같은데 왜 못 벌까?' 고민합니다. 그리고 늘 새로운 것을 찾습니다. 단언컨대 이런 투자자를 만족시킬 새로운 매매방법 같은 것은 없습니다.

오랜 경험에서 나온 기존의 매매방법으로도 돈을 못 버는데 새로운 방법으로 벌 수 있을까요? 돈을 버는 새로운 투자방법이 나오더라도 기존의 돈을 잃는 투자방법을 버리지 못해 손실을 줄이지 못할 것입니다. 다시 말하지만 실패의 가장 큰 원인은 망가진 차트를 들고 매매를 계속하는 것입니다. 이 방법으로 몇 번의 작은 성공은 가능할 수 있지만 주식시장을 떠나지 않는 한 계좌의 돈은 계속 사라질 것입니다. 꼭 이런 분들이 안전하고 확실하게 돈을 벌 확률이 높은 매매방법을 무시하고 어려운 기법들을 찾아 헤맵니다. 그러나 분명히 말하지만 절대로 이런 분들을 만족시킬 매매방법은 없습니다. 이제 20일선 위에 안착한 종목은 어떤 것들인지 알아보겠습니다.

차트23 경창산업

 주가가 20일선을 돌파한 후 20일선 위에서 지지를 받고 있습니다. 강력한 저항선인 20일선을 밑에 깔고 안정적인 주가 흐름을 보여준다면 상승을 예상하고 대응해야 합니다.

　차트 23은 주가가 오랜 시간 하락하다 20일선을 장대양봉으로 돌파합니다. 그리고 20일선 위에 올라서더니 연속적으로 지지되는 모습을 보이고 있습니다. 그다음에는 주가가 20일선 위에서 잠시 횡보 후 급등합니다. 어때요? 앞에서 배운 대로 주가가 움직이고 있죠. 그대로 따라 했다면 50% 정도의 수익을 올릴 수 있었을 겁니다. 1천만 원 매수했으면 5백만 원의 수익이 납니다. 단순하지만 수익이 가능한 확실한 방법입니다.

　20일선은 강력한 지지선인데 연속적으로 지지된다는 것은 20일선을 사수하겠다는 매수세의 의지로 읽을 수 있습니다. 특히 이 종목처럼 20일선 위에 올라서고 난 다음 20일선을 변함없이 지지하는 경우 상승전환할 가능성이 높기 때문에 특히 주목할 필요가 있습니다. 물론 주가가 20일선 위에서 지지된다고 해서 무조건 상승으로 전환되는 것은 아닙니다. 20일선의 지지를 이탈하고 하락으로 전환하는 종목도 있습니다. 그러나 20일선 위에서 지지되는 종목이 좋은 이유는 손절가를 정할 수 있기 때문입니다. 즉 실패할 경우 매도할 가격을 정할 수 있다는 말입니다.

주식투자에서 망하는 이유 중 하나가 손절매를 제때 하지 못하기 때문입니다. 20일선을 기준선으로 삼는다면 20일선 위에서 연속적으로 지지될 경우 보유하면 되고, 이탈할 경우 매도하면 됩니다. 손절가격이 확실히 정해져 있는 것이죠. 주가 하락 시 우왕좌왕할 필요가 없습니다. 전문투자자가 아닌 이상 매매에 서툴기 때문에 이렇게 매수와 매도의 기준점을 삼을 수 있는 종목을 고르고 매매하는 것은 매우 중요합니다. 매매에 노련하고 지금 돈을 벌고 있다면 이 책을 읽을 필요가 없겠죠. 초보투자자라면 이렇게 매수와 매도의 기준이 확실한 종목을 매매하는 것이 좋습니다.

하락하던 주가가 소리소문 없이 자연스럽게 20일선 위에 올라서더니 안정적인 주가 흐름을 보여주고 있습니다. 자세히 보면 주가가 천천히 올라가는 것이 보이죠? 이런 종목은 이동평균선을 중심으로 매매하는 게 효과적입니다.

차트 24는 주가가 20일선을 자연스럽게 뚫은 후 20일선 위에서 연속적인 단봉 캔들로 지지되고 있습니다. 이처럼 20일선 위에서 단봉으로 연속적으로 지지되는 종목은 하락보다도 상승으로 전환될 가능성이 높습니다. 시세를 줄 가능성이 높은 것이죠. 저 같은 경우 이런 종목을 발견하면 분석 후 매수할 때가 많습니다. 상승으로 전환하여 시세를 줄 가능성이 높기 때문이죠. 이런 종목을 1년에 몇 번만 잡아도 계좌에 적지 않은 수익을 쌓을 수 있습니다.

앞으로 20일선 위에서 단봉으로 연속 지지되는 종목을 발견했다면 관심을 가지고 매매해보기 바랍니다. 의외로 좋은 결과를 얻을 가능성이 있습니다. 여기서 중요한 것은 단봉으로 지지될 때는 거래량이 적어야 한다는 것이죠. 거래량 증가는 주가를 상승시킬 때 발생해야지 조정이나 지지를 받는 시점에서 그러면 주의해야 합니다.

차트 25는 주가가 20일선을 이탈하고 하락합니다. 하락 후 주가가 밑에서 횡보하는 것이 아니라 급반등합니다. 하락 기간이 길었음에도 불구하고 단 5일 만에 주가가 20일선을 돌파하고 하락 전 가격까지 올라갑니다. 이후 주가가 20일선 위에서 움직이는데 자세히 보면 저점이 서서히 높아지고 있습니다.

재미있는 것은 주가가 20일선 위에 안착한 다음의 거래량입니다. 거래량이 없는데도 주가는 천천히 올라가고 있어요. 주가 관리세력이 있다는 뜻입니다. 20일선 눌림목도 만들면서 주가가 올라가다가 최근 며칠 사이 거래량이 터지면서 2천 원대로 진입합니다. 20일선을 깨지 않고 주가가 횡보하는 것보다 서서히 상승하는 경우가 최후에 시세를 줄 확률이 높습니다. 앞에서 배운 것으로 충분히 대응 가능한 종목이니 이 책을 앞에서부터 순서대로 읽었다면 초보라도 연습 후 충분히 매매할 수 있을 것입니다.

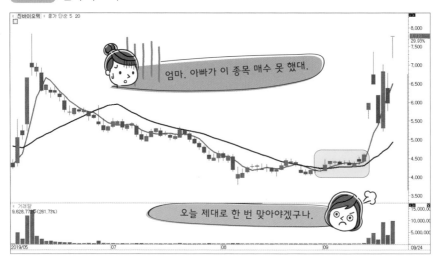

차트 26을 보면 주가가 하락한 후 바닥을 다지다가 차츰 20일선에 접근하면서 20일선 위에 자연스럽게 올라타고 있습니다. 올라탄 후에는 단봉으로 연속적으로 지지를 받습니다. 이렇게 주가가 자연스럽게 20일선 위에 올라탄 종목은 바로 급등합니다. 강한 재료가 발생한 것이죠. 급등하더니 전고점 부근까지 올라가는데 급기야 오늘 상한가입니다. 올라가는 것을 보고 천천히 매수하겠다 생각했다면 늦었을 겁니다. 20일선 위에 올라타고 거래량이 증가하는 첫 양봉이 절호의 매수기회였으나 개인이 바로 대응하기는 쉽지 않죠.

이럴 때는 단기시세를 노리고 들어가 상승추세를 이어가면 그대로 유지하면서 수익을 극대화시킵니다. 하지만 가능할 때만 해야지 무리하게 하면 안 된다는 걸 잊지 마세요. 대부분의 기술적 분석은 일단 단기시세를 예상하고 매매하는 것이 좋습니다. 주가가 꺾이면 바로 매도할 수 있는 자세가 필요하니까요. 그러나 수익이 나고 상승추세가 이어진다면 그대로 유지하는 전략을 구사하는 것이 정석입니다. 단기매매에 성공했을 경우 추세적인 상승을 예상하고 대응하는 것이죠. 수익 극대화는 매매에 성공한 다음의 일입니다.

 하락추세 이후 주가가 20일선 위에 올라탑니다. 이후 주가는 20일선 위에서 박스권을 만들고 있습니다. 그런데 자세히 보면 천천히 저점이 높아집니다. 이럴 경우 반등이 나올 가능성이 높습니다.

차트 27은 주가가 크게 시세를 주고 하락합니다. 상승 주가를 다 까먹는 하락 이후 횡보하다가 20일선을 돌파하고는 20일선을 중심으로 왔다갔다 움직이고 있습니다. 그런데 잘 보세요. 주가가 20일선을 이탈하면 바로 다시 올려놓습니다. 주가가 큰 상승추세를 이어가지는 못하지만 20일선 위에서 주가를 살려놓고 움직이고 있습니다. 주가 바닥에서 관리하는 세력이 있다는 것이죠. 그리고 자세히 보면 저점이 아주 조금씩 올라가고 있습니다. 앞에서 뭐라고 했었죠? 저점이 높아지면 시세 분출 가능성이 높다고 말했습니다.

주가가 방향성을 찾지 못하고 있는 것 같지만 자세히 보면 천천히 상승하고 있습니다. 투자자들이 혼란스러워하는 사이 주가는 은밀하게 움직이고 있는 것이죠. 바닥권에 있는 작은 박스권이라고 보고 박스권 상단을 돌파할 때 대응하면 효과적입니다.

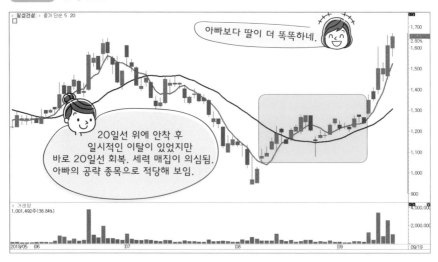

차트 28은 주가가 급락한 후에 반등에 성공하면서 20일선 위에서 바닥을 다지고 있습니다. 순간적으로 20일선을 이탈하기도 하지만 장중에 바로 20일선 위에 올려놓는 모습입니다. 20일선을 이탈하지 않기 위해 노력하고 있죠? 특히 20일선을 이탈한 날 강하게 주가를 끌어놓는 모습에 주목할 필요가 있습니다. 주가 관리세력이 없다면 저렇게 주가를 끌어올리기가 힘듭니다. 개인투자자가 20일선을 관리할 수는 없으니까요. 세력이 주가를 관리하니 20일선에 주가를 올려놓고 차트를 만들고 있는 것이죠.

무엇 때문에 주가를 관리할까요? 당연히 시세를 주기 위해서죠. 앞에서 20일선 위에 안착한 종목이 시세를 주는 경우를 보았습니다. 이 종목은 주가를 관리하는 세력이 있다는 특별한 힌트가 있고, 힌트가 맞다면 시세를 분출할 가능성이 높습니다. 이런 종목을 매매 종목으로 삼아야 하는 겁니다. 더구나 주가가 천천히 상승하고 있어요. 앞의 예와 비슷한 패턴입니다.

결과를 볼까요? 역시 주가가 상승하고 전고점까지 주가가 올라갑니다. 작은 힌트를 보고 매수에 가담했다면 단기간에 적지 않은 수익이 가능했을 것입니다. 20일선 위에 주가가 안착한 종목에서 상승 힌트를 얻을 수 있다면 더욱 관심을 갖고 대응해야 합니다. 꾸준히 20일선 위에 안착한 종목을 연구한다면 성공투자가 더 이상 남의 일이 아닐 것입니다.

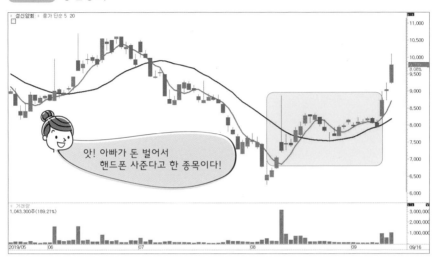

차트29 성신양회

차트 29는 주가가 1개월 넘게 쭉 하락합니다. 그렇게 바닥을 찍고는 다시 상승하면서 20일선 위에 주가를 올려놓고 있습니다. 20일선을 이탈하지는 않지만 한 번 눌러주는 모습이 앞의 차트 28과 유사합니다. 올라가는 차트의 모양이 비슷하죠? 상승하는 종목의 패턴이 유사한 경우가 많다는 것을 알 수 있습니다. 분석력과 실전 대응능력만 기른다면 충분히 수익을 얻을 수 있으니 많은 연습이 필요합니다.

지금까지 배운 것을 보면 다 연결이 됩니다. 책 뒤쪽에서 다루는 매매방법에 관한 설명이나 사례가 앞에서 나오기도 하니 관련 내용을 다시 찾아 읽어보면 '아! 그 내용이었구나' 하며 쉽게 이해할 수 있을 것입니다. 초보투자자는 여러 번 읽으시 내용을 완전히 숙지하기 바랍니다.

2. 캔들을 이용한 상승 종목 고르기

물론 상승패턴 종목이 나왔다고 모두 상승하는 것이 아니라 하락하기도 합니다. 이런 특성 때문에 가치투자를 하는 분들에게 차트 매매가 무시당하기도 합니다. 실패할 경우 "그것 봐라. 이래도 가치투자를 안 하고 기술적 분석에 매달릴래?" 하는데 맞는 말입니다. 차트만 보고 모두 부자가 될 수는 없습니다.

기술적 분석만을 옹호할 필요도 없고 가치투자를 무시할 필요도 없습니다. 주식투자에서는 어떠한 매매방법이든 장단점이 있으니까요. 그러나 가치투자나 장기투자를 선호해도 망하는 투자자는 많습니다. 기술적 분석도 마찬가지입니다. 가치투자의 성공사례로 주로 삼성전자를 보여주지만 우량하다고 판단한 기업이 망한 사례는 얼마든지 있습니다. 그래서 가치투자와 기술적 분석 사이에서 다툴 것이 아니라 선택은 투자자 스스로 해야 한다는 것을 기억해야 합니다. 투자자에게는 선택의 자유가 있고, 그 투자의 책임 역시 투자자 자신에게 있기 때문에 어떤 것이든 자신에게 맞는 최상의 매매방법을 찾아내는 것이 중요합니다.

차트30 이글벳

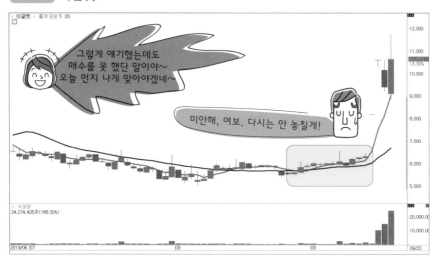

차트 30은 주가가 20일선에 안착한 이후 서서히 올라갑니다. 그러다 갑자기 점상한가로 치고 올라갑니다. 이런 움직임은 전일 장 마감 후 호재가 발생했을 때 나옵니다. 그런데 잘 보면 그 전에 있던 움직임이 상승패턴이죠? 매집하고 있었다는 건데 해당 기업의 호재를 미리 접한 투자자일 가능성이 높습니다. 기업은 호재를 발설하지 않지만 정보가 완전히 차단되는 것은 아닙니다. 한 사람이 입을 열면 수백 명이 아는 세상이니까요.

불행히도 우리 개인투자자들은 호재를 알 수 없습니다. 아쉽지만 이런 종목은 한발 늦으면 실전에서는 잡기 어렵습니다. 언제 튀어나올지 모르는 점상한가를 잡을 순 없지요. 이런 경우는 20일선 위에서 주가가 천천히 올라갈 때 매수해야 되는데 미리 조금씩 매수하는 방법도 좋긴 하지만 주가 이탈 시 대응능력이 되는 분만 시도하길 권합니다. 초보투자자라면 모의투자를 통한 연습이 먼저여야 합니다.

20일선에 안착한 종목의 공통점은 무엇일까요? 20일선 위에 안착한 이후 주가가 천천히 상승한다는 겁니다. 20일선 위에 안착한 종목이 이탈하지 않고 천천히 상승한다면 여러 가지 대응 방법으로 훈련해보기 바랍니다. 어느 순간 큰 시세에 올라탄 자신을 발견할 수 있을 겁니다.

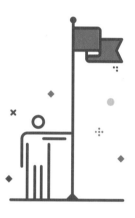

5장

이동평균선
매매

1.
이평선을 이용한
5가지 매매방법

1
추세의 선봉,
5일선 매매
▲▲▲▲▲▲▲▲

주가가 상승하면 제일 먼저 따라오는 이동평균선은 무엇일까요? 바로 5일선입니다. 하락하던 주가가 하락을 멈추고 다시 상승으로 돌아설 때도 5일선이 제일 먼저 돌아섭니다. 이 5일선이 지속적으로 상승하고 있다는 것은 주가의 힘이 상승추세로 정해졌다는 것을 말합니다. 그리고 이런 힘은 쉽게 무너지지 않습니다. 이를 이용하여 5일선이 상승하고 있는 종목을 매수하는 것을 '5일선 매매'라고 합니다.

초보투자자나 일반 투자자들이 돈을 잃는 큰 이유 중 하나는 하락하는 종목을 매수하기 때문입니다. 관심 있게 보는 종목은 하락하더라도 곧 상승할 것이라는 기대심리에, 추세의 힘이 상승 방향으로 전환되지 않았는데 혼자 상승할 것이라고 예측하고 하락하는 종목을 매수하는 것이지요. 하지만 하락하는 종목을 매수하는 것보다 5일선이 상승하고 있는 종목을 매매하는 것이 더 빨리 더 많은 돈을 벌 수 있는 방법입니다. 주식 격언 중에 '젊은 시세는 눈을 감고도 사라'라든가 '달리는 말에 올라타라'라는 말들이 있습니다. 괜히 이런 말이 나온 게 아닙니다. 많은 사람들이 오랜 시간 동안 시행착오 끝에 나온 결론입니다. 하지만 달리는 말에 올라타는 것은 대단히 어렵습니다. 왜 그럴까요?

상승하는 종목을 실전에서 보게 되면 이런 심리가 작용합니다. '내가 산 다음 떨어지면 어떡하지?' 그리고는 하락하는 종목을 쳐다보며 '내일은 상승할 거야'라는 믿음으로 매수합니다. 현실은 어떨까요? 내일 상승할까요? 가끔 상승할 때도 있겠지만 결국은 머리카락을 쥐어뜯으며 나훈아처럼 '내가 왜 이러는지 몰라. 도대체 왜 이런지 몰라'만 외치게 됩니다.

지금 주식을 시작하는 초보투자자라면 상승하는 종목을 잡으려고 노력해야 합니다. 주식투자를 시작하고 조금 지나면 대부분 하락하는 종목을 잡으려고 합니다. '내일 반등할 거야' 하는 심리가 지배하게 되는 거죠. 오르는 종목은 이미 너무 많이 오른 것처럼 보이고, 하락하는 종목은 원래보다 많이 싸게 보이니 매수를 거꾸로 합니다.

이제 막 주식투자를 시작한다면 이런 심리가 생기지 않도록 주의하세요. 거듭 강조하지만 하락하는 종목이 아니라 상승하는 종목을 매수하는 투자 습관을 길러야 합니다. 이것만 할 줄 알아도 반은 성공입니다.

차트1 제이엠아이

 서서히 하락하던 종목이 갑자기 상승추세로 전환했습니다.
매수했다면 다른 것은 필요 없습니다. 오로지 5일선만 보고 보유하면 됩니다.
이 종목의 매매기준은 오로지 5일선이기 때문입니다.

　차트 1은 주가가 100% 정도 상승했습니다. 매수했다면 계좌에 수익률이 어떻게 찍힐까요? 100%라고 빨간 글씨로 나오게 됩니다. 100%가 찍히면 마음이 살살 녹습니다.

　주가가 100% 상승하는 동안의 특징은 뭘까요? 5일선을 깨지 않았습니다. 캔들만 놓고 본다면 거의 양봉입니다. 하루하루 꾸준히 상승합니다. 이런 종목은 데이트레이더들이 매매하기가 어렵습니다. 하루 변동폭이 크지 않기 때문이죠. 약간의 조정을 받으면서도 하루에 얼마씩이라도 꾸준히 상승하고 1개월 사이에 무려 100%가 상승했습니다. 1천만 원을 투자했다면 1개월 만에 1천만 원을 더 번 것입니다. 3천만 원이면 3천만 원이 수익입니다. 그야말로 '돈 놓고 돈 먹기'입니다. 대한민국 어디 가서 서민들이 1개월 안에 3천만 원을 벌 수 있을까요? 금융전문가에게 3천만 원을 주고 1개월 안에 3천만 원을 벌어오라는 서바이벌

1. 이평선을 이용한 5가지 매매방법

게임을 시켜도 달성할 수 없는 불가능한 금액입니다.

이걸 보고 '100% 상승하는 종목을 3개월에 한 번씩만 잡으면 1년 만에 큰돈을 벌 수도 있겠다'라고 생각하는 사람도 있을 겁니다. 생각은 자유고 어찌 보면 이런 상상이 당연할 수도 있지만 문제는 이걸 해보겠다고 실제로 돈을 빌리는 경우입니다. 초보자들이 저지르기 쉬운 일입니다. 단언하지만 절대로 그렇게 되지 않습니다! 주식시장에서 계산된 예상은 절대로 맞지 않는다는 것을 명심하기 바랍니다. 주식투자를 하다가 어쩌다 이런 종목을 하나 잡으면 행운에 감사하고 끝내야 하는데 거기서부터 욕심이 시작돼 천문학적인 돈이 머릿속을 떠도니 문제입니다. 이 책을 읽는 여러분만이라도 주식으로 천문학적인 돈을 버는 것은 허황된 욕심일 뿐이라는 것을 항상 기억하기 바랍니다.

차트2 이랜텍

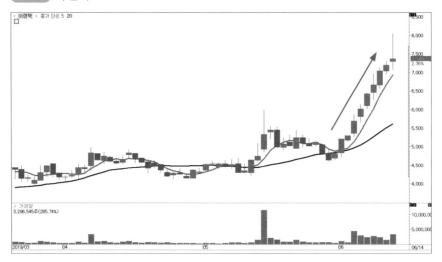

5일선을 타고 상승하는 주가의 모습이 완벽합니다.
흔들림 없이 양봉만 나오면서 멋지게 상승하고 있습니다.
매수자가 이런 종목을 중간에 매도한다면 후회할 만큼 깔끔하게 상승하죠?
5일선 이탈 전까지는 무조건 보유해야 됩니다.

차트 2는 최근 100% 넘게 상승했습니다. 상승 기간이 1개월도 안 됩니다. 6월 초에 5천만 원 매수했는데 말일쯤 봤더니 8천만 원이 되어 있는 겁니다. 3천만 원을 번 거죠. 제네시스가 에쿠스로 변했습니다. 마술도 이런 마술이 있을까요?

이 종목이 100%로 상승하면서 보여주는 특징은 무엇인가요? 캔들 밑에 전부 꼬리가 달렸습니다. 꼬리가 아홉 개 달린 여우도 아니고 캔들마다 꼬리가 달리다니 이상합니다. 이럴 때는 캔들 밑에 꼬리가 언제 생겼는가를 봐야 합니다. 주가가 5일선에 닿으면 발생했습니다. 이것은 주가가 5일선 밑으로 떨어지려고 하면 5일선을 깨지 않도록 누군가가 관리하고 있다고 봐야 합니다. 여기서 '누군가'는 누구일까요? 네, 맞습니다. 세력이죠.

이 종목에 들어와 시세를 주고 자신의 이익을 챙기려는 세력이 있다는 뜻입니다. 세력이 5일선을 깨지 않는 방향으로 주가를 관리하고 있다는 것을 보여주네요. 5일선을 타고 상승하는 종목을 매수하려 했는데, 세력이 주가를 관리하고 있다는 눈치까지 챘다면 매수를 망설일 필요가 없습니다. 이런 종목은 세력과 함께 시세를 즐기면 됩니다.

언제까지 즐기면 될까요? 세력이 이탈하는 시점까지입니다. 문제는 우리는 세력이 언제 이탈할지 알 수 없다는 것입니다. 세력이 '나 지금 주식 팔고 하와이로 골프 치러 갈 테니 알아서 하시오!'라고 메시지를 전해주는 것은 아니니까 말이죠. 방법은 있습니다. 세력이 무엇을 관리하고 있나요? 5일선이죠. 그럼 우리는 5일선이 꺾이는 시점에서 매도하면 됩니다. 5일선을 보고 매수했으니 5일선이 꺾이면 매도하는 것이 당연합니다. 매수 이유가 사라졌다면 그 순간 매도 이유가 발생한다고 보는 게 정확합니다.

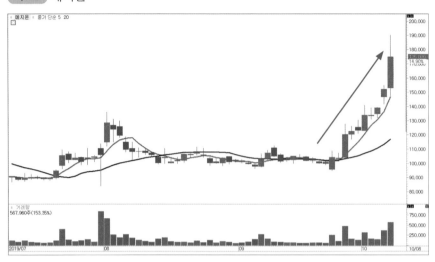

2개월 정도 주가 변동이 거의 없던 종목이 상승을 시작합니다.
거래량 증가와 함께 5일선을 깨지 않고 상승하네요.
5일선을 위협하는 음봉도 나오지 않는 안정적인 주가 상승이라면 최대한 수
익을 올려야 합니다. 이런 종목을 자주 매수할 수는 없으니 잡았을 때 수익을
극대화시키세요.

   차트 3을 보면 횡보하던 주가가 5일선을 타고 상승하고 있습니다. 한 번 상
승 바람을 타니 비싼 주가임에도 불구하고 크게 오릅니다. 100%는 그냥 올라가
죠? 한 번 바람을 타면 무섭게 올라가는 것이 주가입니다. 이런 종목을 5일선을
기준으로 매매하면 큰 수익을 얻을 수 있습니다.

   여기서 5일선 매매를 할 때 주의할 점이 나옵니다. 5일선이 상승하는 종목을
매수한다는 것은 언제 꺾일지 모른다는 위험부담을 안고 있다는 것과 같습니
다. 모든 매매에 위험부담이 있지만 5일선이 상승하고 있는 종목을 매매하는 것
은 저점에서 이미 크게 상승한 종목을 매매하는 것이기 때문에 다른 종목보다
위험부담이 더 크죠. 이미 저점대비 상승폭이 크니까 언제 하락할지 모릅니다.
따라서 5일선이 갑자기 하락으로 전환될 경우 리스크 관리가 어렵습니다.

이런 리스크를 줄이는 방법은 무엇일까요? 5일선이 상승으로 전환하는 시점에 매수하는 것입니다. 그러면 5일선이 언제 상승으로 전환할지 어떻게 아느냐는 문제가 남죠? 이것은 앞에서 배운 그대로 적용하면 됩니다. 앞에서 배운 매매기법을 총동원하여 주가가 상승으로 전환하는 시점에 잡을 수 있도록 노력하세요. 만약 5일선 상승 중에 매수했다면 5일선을 확실한 매도 기준점으로 잡고 매매합니다. 처음에는 어려울 수 있으나 많은 연습을 한다면 여러분도 충분히 가능한 매매입니다. 반드시 연습을 통해 내 것을 만든 다음 실전에 들어서야 한다는 것을 명심하기 바랍니다.

차트4 와이엠티 – 5일선 매수타이밍!

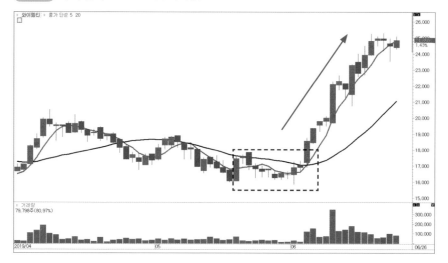

 이 종목은 시가나 장중에 5일선을 이탈합니다. 하지만 바로 반등하고 있죠? 잠시 5일선을 이탈하더라도 종가상 무너지지 않는다면 보유하고 넘어가야 합니다. 주가가 5일선을 이탈했다고 바로 매도하는 것이 아니라 상황에 맞게 대응합니다.

차트 4는 주가가 20일선 밑에서 움직이고 있습니다. 그러다가 더 이상 하락하지 않고 4일 정도 횡보합니다. 5일선이 하락을 멈추는 시점이죠. 5일선은 5일간의 주가 평균인데 4일 동안 주가가 하락을 멈추고 횡보합니다. 5일선은 상승으로 전환하지는 않았지만 하락을 멈추었습니다. 이렇게 횡보하는 캔들을 상향으로 돌파하는 양봉이 나오니까 어때요? 5일선이 상향으로 돌아섭니다. 5일선이 상승으로 전환하고 있는 것이죠. 20일선을 돌파하는 양봉이 나오니까 5일선이 돌아선 모습이 확연히 보입니다. 이때부터 주가가 5일선을 타고 상승합니다. 아까 배운 5일선 매매를 해야 하는 시점입니다.

5일선이 상승으로 전환하는 시점에 잡을 수만 있다면 당연히 상승 중에 매수하는 것보다 큰 수익을 올릴 수 있습니다. 이 종목 시세의 처음과 끝을 먹을 수 있으니 수익을 극대화할 수 있습니다. 5일선이 상승으로 전환하는 시점에 잡아서 5일선이 꺾일 때 매도하면 되니까요. 이것이 5일선이 상승으로 전환하기 전 매수하는 방법입니다.

미리 매수하는 것보다 20일선을 돌파하고 지지되는 모습을 확인하고 매수하는 것이 좋습니다. 돈을 약간 더 쓰더라도 확인하고 매수해야지 100원짜리 동전 하나까지 다 먹겠다는 마음으로 투자하다가는 쪽박을 차고 물러나게 됩니다.

5일선은 시세의 첨병이기 때문에 단기매매나 빠른 매매를 선호하는 투자자에게 상당히 유리합니다. 5일선만 보고 매매하면 되니까요. 그러면서도 큰 수익이 가능한 매매방법입니다. 아주 기초적이고 단순한 5일선 하나만 가지고도 돈을 벌 수 있다는 것이 중요합니다. 주식시장은 쉽게 돈을 벌 수 있는 곳은 아니지만 그렇다고 꼭 복잡하고 어려운 것을 알아야 하는 곳도 아닙니다. 단순해도 나한테 돈을 벌어주는 매매방법이 최고니까요.

차트 5를 보면 주가가 하락합니다. 이 종목은 주가가 하락하다 바닥을 다지는 캔들이 연속적으로 나오고 있습니다. 그러고는 주가가 상향으로 전환됩니다. 5일선이 3일간 또는 4일간 지지되고 상승으로 전환했다고 무작정 매수할 수는 없겠죠. 다시 하락으로 전환할 가능성도 있으니까요. 그러나 이 종목 같은 경우 하락을 멈추고 상승하는 종목이기 때문에 충분히 매수할 만한 조건을 가지고 있다고 판단해도 됩니다. 상승 도중 5일선을 이탈하려면 밑에 꼬리가 달리면서 5일선 이탈을 막고 있습니다. 주가가 관리되고 있다는 증거입니다. 이런 종목을 발견한다면 연습 삼아 매매해보세요.

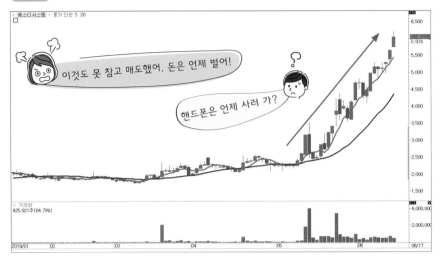

차트 6은 5일선이 상승으로 전환하는 시점이 예술입니다. 5일선이 상승하기 전의 주가를 보면 20일선을 이탈하지 않은 채 완만히 상승하고 있습니다. 이런 종목을 실전에서 발굴한다면 매수 준비해야죠. 상당히 좋은 종목입니다. 완만히 상승하는 모습도 매우 깔끔합니다. 돈을 벌기 딱 좋은 종목이라 할 수 있겠습니다. 5일선 상승 시점부터는 거래량이 늘어나고 캔들이 길어지면서 전과 다른 모습을 보여주네요. 장중 참여자의 눈길을 끌며 5일선을 타고 상승하니 충분히 접근할 만합니다.

상승 중 일시적으로 5일선을 이탈하는데 깊이도 낮고 단봉이라는 것은 주가를 관리하는 세력이 있다는 증거입니다. 주가를 조절할 능력이 있을 때 나오는 모습이며 매집이 잘 되어 있다는 것이죠. 앞으로 이런 종목을 만난다면 연습 종목으로 삼기 바랍니다.

차트 7은 주가가 횡보하다가 서서히 상승하기 시작합니다. 오랜 시간 주가가 횡보하기 때문에 대부분의 투자자들은 이 종목에 관심이 없었을 것입니다. 거래량을 보세요. 형편없습니다. 이 종목을 가지고 있었다면 살이 쭉쭉 빠졌을 겁니다. 아마 주가가 상승하기 전에 매도하지 않았을까요? 그러다 주가가 상승하면 땅을 치며 후회하는 것이죠.

일단 이 종목만 놓고 보면 대부분의 보유자가 끝까지 주식을 보유하기보다는 중간에 매도했을 것입니다. 개인들이 기다리지 못하고 매도한 물량을 누가 다 가져갔을까요? 네, 세력입니다. 지친 개인들의 물량을 거의 사들였다고 생각한 세력은 주가를 상승시킵니다.

물량을 들고 있지 않은 투자자 입장에서는 어떻게 대응해야 될까요? 미보유자는 주가를 지켜볼 수 있는 시간이 있습니다. 주가가 자신의 생각한 흐름과 다른 흐름을 보인다면 매수하지 않으면 되는 것이니까요. 미보유자는 주가가 지지되고 5일선이 상승으로 전환하는 시점까지 지켜보면 됩니다. 내가 원하는 차트가 만들어지면 그때 매수해도 늦지 않습니다.

◆2◆
눌림목과 손바꿈의 기준,
20일선 매매

▲▲▲▲▲▲▲▲

오랜 기간 다양한 사람들이 돈을 벌고자 주식시장에 뛰어들었습니다. 누군가는 대박을, 누군가는 재테크 수단을 찾아 다양한 동기와 목표수익을 가지고 매매했을 것입니다. 그러나 주식시장에 참여한 투자자들은 얼마 지나지 않아 주식으로 수익을 내기가 쉽지 않다는 것을 깨닫게 됩니다. 그러다 보니 어떻게 하면 주식시장에서 돈을 벌 수 있을까를 연구하고 고민하는 사람들이 생겼습니다. 언제 주식을 사야 오르고 언제 팔아야 손실을 최소화할 수 있을까 연구를 거듭하게 됩니다.

이런 고민들이 쌓이고 쌓이면서 다양한 매매기법이 나왔습니다. 기업분석이나 기술적 분석이 다 이런 과정을 거쳐 체계화되었습니다. 기술적 분석 같은 경우는 다양한 보조지표를 생산합니다. 이름도 다 알 수 없을 정도로 수도 많고, 어떤 원리로 지표가 나온 것이며 어떻게 적용되는지 쉽게 알 수 없을 만큼 종류도 다양합니다. 보조지표는 수많은 사람들의 노력과 경험에 의해 정리되었습니다. 하지만 모든 보조지표가 돈을 버는 방법이 될 수는 없습니다. 수익이 검증

된 보조지표도 있을 것이고, 적중률이 떨어지는 보조지표도 있을 것입니다. 또 아예 맞지 않는 보조지표도 있겠지요. 물론 보조지표를 만들 당시에는 잘 맞았을지도 모릅니다. 그러나 그때 잘 맞았다고 지금도 맞는다는 보장은 없습니다. 주식은 끊임없이 변하는 생물이기 때문입니다. 시장 환경이 변하면서 용도 폐기된 보조지표도 많습니다. 보조지표 하나에 목숨 걸고 배우던 시절에도 사용하지 않던 것을 지금 배우는 사람도 있습니다. 그걸 보고 주식에 입문하는 투자자가 돈을 벌 수 있을까요? 그분들은 주식시장에서 한참 헤매다가 돈을 다 잃고 '주식은 어려운 거야'를 외칠 겁니다.

상한가 매매, 공시매매, 하한가 매매 등 주식시장에는 보조지표뿐만 아니라 다양한 매매기법들도 있습니다. 이런 매매는 하루 종일 장중에 매달릴 수 있는 투자자에게만 가능한 방법들입니다. 직장인들은 어림도 없죠. 하루 종일 매달릴 수 있는 투자 전문가라도 이런 매매기법을 가지고 돈을 버는 것은 굉장히 어렵습니다. 지속적이고 안정적으로 사용할 수 있는 투자방법이 아니라는 뜻입니다. 이런 매매방법을 이용해 돈을 벌었다는 사람이 얼마나 될까요? 요즘은 조용합니다. 이런 기법을 이용하면서 대단한 것처럼 행세하고 다니던 투자자들이 지금은 모두 사라졌습니다. 오랜 경험을 가진 투자자가 자신의 계좌에 책임을 질 수 있다면 어떤 매매방법을 이용하든 나쁠 것은 없습니다. 그러나 제가 만난 투자자들은 기초도 없는 경우가 대부분이었고, 어디선가 듣긴 들었지만 실전에서 제대로 이용하는 방법을 모르는 경우가 많았습니다. 이런 분들에게 전문가들도 어려워하는 매매방법을 시도해보라고 말하는 것은 너무 무책임하다고 생각합니다.

직장인이라면 어려운 매매나 위험도 높은 매매는 불가능하고 하지도 말아야 합니다. 물론 제가 전하는 투자방법도 안정적이지 않을 수 있으며 실전에서 적용하기 어려울 수도 있습니다. 그래도 이용하기 쉽고 수익도 낼 수 있는 방법에 중심을 두고 있습니다. 물론 이 내용을 어떻게 이해하고 적용하느냐는 투자자

자신에게 달린 문제이긴 합니다.

전문가, 초보자를 가리지 않고 쉬운 매매방법이 있는데 바로 '20일선을 이용한 매매'입니다. 20일선은 저항선이자 지지선입니다. 국내의 모든 투자자가 지켜보는 이평선이기도 합니다. 이렇게 중요한 이평선인 20일선을 이용한 매매방법 중 가장 유명한 것은 '눌림목 매매'일 것입니다.

20일선 눌림목이란 주가가 상승하다가 하락하는데 20일선까지 조정을 받고 다시 상승하는 것을 말합니다. 이 매매방법의 특징은 간단하면서도 의외로 높은 수익을 올릴 수 있다는 것입니다. 장중에 하루 종일 붙어 앉아 있지 않아도 된다는 장점도 있습니다. 직장인도 20일선 눌림목 종목만 찾아 한 번씩 들여다보면 되는, 급할 필요가 없는 느긋한 매매방법입니다.

그렇다면 눌림목은 왜 발생할까요? 주가를 상승시키려면 주도세력이 많은 물량을 가지고 있어야 합니다. 그렇다고 이들이 모든 물량을 가지고 주가를 상승시키는 것은 아닙니다. 주가가 상승하는 것을 보고 따라 들어온 개인들의 물량도 상당하죠. 주가가 높이 올라가면 올라갈수록 높은 가격에서 개인들이 내놓은 물량을 받아야 합니다. 그래서 상승시키기 전 약간의 수익으로 기뻐하고 있는 개인들을 상대로 주가를 하락시켜 불안감이 들게 하는 것이죠. 불안감에 개인들이 버티지 못하고 매도하면 그 물량을 소화합니다. 이를 '손바꿈'이라고 합니다. 하지만 상승추세는 무너뜨리지 않고 하락 마지노선은 20일선이 됩니다.

주가가 서서히 상승하고 있죠? 조정을 받을 때 20일선을 이탈하지 않습니다. 상승 후 지지를 받을 때도 20일선을 지지해주고 있습니다. 저점도 서서히 높아집니다. 놓칠 수 없는 종목인 것이죠. 이런 종목이 있나 잘 찾아보세요. 계좌를 크게 불릴 수 있습니다.

차트 8은 골든크로스 이후에 5일선을 타고 주가가 상승하고 있습니다. 5일선은 시세의 첨병이라고 했습니다. 그만큼 시세를 주는 속도가 빠른 것이죠. 물량을 보유하고 있었다면 단기간에 큰 수익을 올리고 있을 겁니다. 단기간에 적지 않은 돈을 벌고 있다면 물량을 보유하고 있는 투자자는 어떤 생각이 들까요? 수익을 확정하고 싶은 욕구가 생길 것입니다. 그럼 팔아야죠.

기존 매수자뿐만 아니라 주가가 골든크로스가 난 것을 보고 투자하거나, 5일선이 상승전환하는 것을 보고 매수한 투자자, 5일선 매매를 이용하여 매수한 투자자도 있을 것입니다. 주도세력이 주가를 올리고 있는데 많은 투자자들이 동참하면 주가의 상승탄력은 점점 떨어집니다. 주도세력 외에 일부만 붙어야 하는데 많은 투자자가 붙으니 무거워지는 것이죠. 지속적으로 개인투자자가 달라붙는다면 주가를 상승시키고 있는 주도세력 입장에서는 매우 부담스럽습니다. 상승 중에 붙은 개인들이 언제 물량을 던질지 모르니까요.

단기시세만 주고 끝내려는 속셈이라면 주가를 빨리 끌어올려 고점에서 재빨리 물량을 털고 나가면 문제없습니다. 하지만 지속적으로 큰 시세를 주려고 계획한다면 개인투자자의 물량은 부담입니다. 주가가 상승하면 할수록 비싼 가격에 나온 개인들의 물량을 받아야 하니까요. 이런 부담을 줄이기 위해 거침없이 상승하고 있는 주가에 조정을 줍니다. 이렇게 함으로써 단기시세를 보고 들어온 급매물과 일정한 수익을 올린 개인의 물량을 처분하게 합니다.

주가가 상승하는 동안 매수에 동참한 투자자도 있겠지만, 매수에 가담하고 싶어도 저점에서 크게 상승한 주가를 보고 선뜻 매수에 나서지 못하는 투자자도 있을 것입니다. 좋은 종목이라고 생각하지만 저점에서 크게 상승한 주가를 보고 차마 매수 주문을 내지 못하고 있는 투자자도 있는 것이죠. 이 투자자들이 매수기회를 노리고 있다가 주가에 조정을 주면 매수에 동참합니다. 기존의 매수자와 신규매수자 간에 손바뀜이 일어나는 것이지요. 주가가 조정을 받으면 1차 시세에 동참하여 시세를 얻은 투자자는 수익을 올리고 물량을 정리합니다. 하지만 신규로 이 물량을 받은 투자자는 아직 수익을 못 올린 상태입니다. 신규 투자자는 이제부터 시작이니까요. 이렇게 상승하는 종목의 손바뀜 시점이 바로 20일선이 됩니다. 20일선 눌림목이 탄생하게 되는 것이지요.

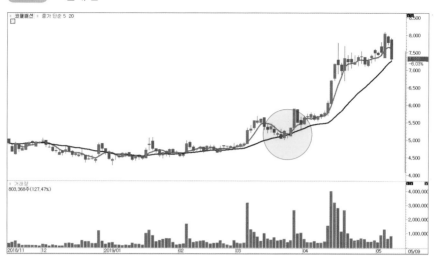

차트9 코웰패션

주가가 상승하다 밀리면 지지할 곳을 찾게 됩니다. 이럴 때 투자자들이 가장 많이 보는 곳이 바로 20일선입니다. 여기서 주가가 지지되는가를 모두 지켜보고 있는 것이죠. 지지가 확인되면 주가를 관리하는 세력이 있다고 판단하고 매도하지 않고 유지하며, 미보유자는 매수에 가담하게 됩니다.

차트 9는 주가가 천천히 움직이다가 본격적으로 상승전환합니다. 앞에서 배웠으면 다들 매수하고 있을 겁니다. 이 종목도 20일선 눌림목이 탄생하죠. 추가 상승 가능성이 있는 종목이 20일선에서 지지받는 이유가 있습니다. 20일선은 누구나 보는 강력한 저항선이자 지지선이라고 했습니다. 하락하던 주가가 20일 선 위로 올라선 다음 20일선이 지지선이 됐습니다. 그런데 주가가 20일선을 깨고 추가로 조정을 받는다면 투자자들은 이 종목이 단기조정이 아니라 주가가 하락추세에 접어들었다고 생각하게 됩니다. 그렇게 되면 기존 투자자의 물량을 받을 신규 투자자는 참여하지 않을 테고, 단기시세뿐만 아니라 좀 더 보유하고 자 했던 투자자도 물량을 던질 것입니다. 그러면 물량을 받을 투자자는 아무도 없으니 조금이라도 먼저 팔려는 투자자에 의해 하락합니다. 이렇게 되면 주도세력도 감당할 수 없게 되며 차트는 망가집니다. 그래서 지속적으로 시세를 줄 종목이라면 20일까지만 조정을 받고 다시 상승하게 됩니다. 상승탄력이 좋은 종목은 20일선이 주가 조정의 마지노선이 되는 것입니다.

그러면 투자자 입장에서 언제가 가장 좋은 매수타이밍일까요? 당연히 처음 생기는 눌림목이 가장 좋습니다. 20일선 눌림목은 주가가 상승하는 동안 여러 번 생길 수 있습니다. 그런데 첫 번째 눌림목을 주고 상승하다가 다시 두 번째, 세 번째 눌림목을 준다면 그만큼 위험도도 높아집니다. 상승 중에 두 번째, 세 번째 생기는 눌림목이라면 저점에서부터 주가가 크게 상승한 상태입니다. 언제 시세를 마무리할지 모르는 종목으로 변한 것이죠. 시세를 얻을 수 있는 폭도 그만큼 적어집니다. 따라서 첫 번째 눌림목에서 잡아야 큰 시세를 얻을 수 있습니다.

또 세력주라면 첫 번째 눌림목만 주고 급등할 가능성도 높습니다. 이런 경우 2차 눌림목이 없을 뿐만 아니라 매수기회도 없습니다. 그래서 첫 번째 눌림목이 처음이자 마지막 기회가 되는 경우도 종종 있습니다. 두 번째, 세 번째 눌림목을 주는 종목은 세력주보다는 메이저가 장악하고 있는 종목이거나 대형주일 경우가 많습니다. 무거운 종목인 만큼 급한 시세 변화는 어렵기 때문에 눌림목을 주면서 상승할 가능성이 높습니다. 이런 경우라면 지속적으로 눌림목 매매를 해도 성공할 가능성이 높습니다.

양봉 지지된다면 강력한 성공 신호, 눌림목 매매

▲▲▲▲▲▲▲▲

　주가가 상승하다 조정을 받을 때 20일선 눌림목이 성공하는 경우도 있고, 실패하는 경우도 있습니다. 20일선 눌림목이 성공하려면 여러 가지 조건이 필요한데 신뢰도가 높은 것은 조정받던 주가가 20일선에서 양봉으로 지지되는 종목입니다. 조정받던 주가가 계속 줄줄 흘러내리면 눌림목은 실패합니다. 그런데 20일선에서 양봉으로 지지된다면 하락하던 주가가 지지되는 것이죠. 조정받을 때 나오는 물량을 받는 주체가 있음을 말하기도 합니다.

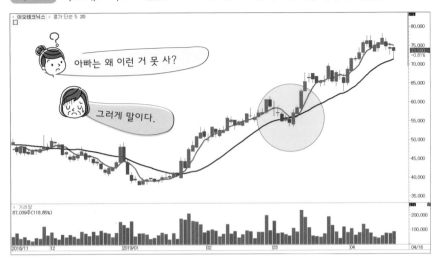

차트 10은 하락하던 종목이 바닥을 다지고 골든크로스를 내면서 주가를 상승시킵니다. 골든크로스 이후 주가의 흐름은 4가지 형태가 있는데 첫 번째는 장대양봉을 연속적으로 뽑으면서 강한 시세를 주는 종목입니다. 이런 종목은 포기해야죠. 개인들이 다룰 종목이 아닙니다. 그런데 이상하게도 급등하는 종목의 고점에서 꼭 매수하는 사람들이 있습니다. 초보자는 절대 하면 안 된다고 한 번 더 강조하겠습니다. 절대 안 됩니다.

두 번째는 급등하지 않고 5일선을 타고 상승하는 종목입니다. 이럴 때는 5일선 매매를 하면 됩니다. 세 번째는 골든크로스 이후 바로 하락하는 종목입니다. 일단 시세를 줄 것 같은 모습을 보였는데 시세를 주지 못하고 바로 주가가 원상태로 복귀하는 종목입니다. 이렇게 주가가 바로 원상태로 복귀하는 종목이 있기 때문에 강한 장대양봉이 나왔다고 흥분해서 바로 매수하지 말라는 것입니다. 장대양봉만 나오면 흥분해서 마구잡이로 매수하는 사람이 적지 않습니다. 주식은 타이밍의 예술이라고 하는데 아무 때나 매수키를 누르면 곤란합니다.

네 번째는 옆으로 횡보하거나 서서히 조정을 주는 종목입니다. 골든크로스뿐만 아니라 강한 장대양봉이 발생한 것을 보고 매수에 가담한 개인들의 단기물량을 털기 위해 주가를 바로 들어올리지 않고 횡보나 하락 조정을 주는 경우입니다. 이렇게 주가가 조정을 받으면 개인은 떨어져 나가게 됩니다. 급한 마음에 들어왔기 때문에 버티지 못하고 물량을 처분하게 되는 것이죠. 급매물이 떨어져 나가면 세력은 본격적으로 시세를 주게 됩니다. 그 시기가 20일선인 이유는 20일선을 깨면 매물이 쏟아지기 때문입니다.

**차트11** 아나패스 – 20일선을 보면 손절매 가격이 보인다

차트 11은 주가가 골든크로스 이후 20일선 위에서 안정적으로 상승하고 있습니다. 20일선과의 간격이 벌어지니 눌림목으로 조정을 줍니다. 눌림목 지점을 보세요. 양봉으로 지지합니다. 상승추세를 무너뜨리지 않겠다는 강한 표현입니다. 눌림목 이후 주가를 올릴 때는 거래량이 실린 장대양봉으로 올립니다. 지금 무너뜨릴 종목은 아니라는 것이죠. 저점에서 매수한 투자자라면 계속 보유해도 됩니다. 20일선 눌림목 매매가 좋은 이유는 확실한 손절매 가격이 정해져 있다는 것입니다. 20일선 눌림목 매매를 한다고 했으니 20일선 지지가 실패하면 매

도하면 되는 것이지요. 20일선이라는 확실한 손절가격이 있으니 얼마나 좋습니까? 이 종목은 연속 양봉으로 지지해주니 손절 가능성은 줄어듭니다.

　개인투자자가 하는 가장 큰 실수는 손절가격을 정하기 힘든 종목에 들어간다는 것입니다. 수익이 나면 상관없는데 물렸을 경우 큰 손실을 입게 됩니다. 특히 하락하는 종목에 일시적인 반등을 노리고 들어가는 경우가 제일 위험합니다. 하락하는 종목은 언제 팔아야 될지도 모르는 종목일 뿐만 아니라 손실의 속도도 매우 빠르기 때문에 계좌의 돈이 버티지 못합니다. 이런 매매는 저를 만난 이상 절대로 해서는 안 됩니다.

　이렇게 얘기해도 기존의 손실 나는 투자방법을 고수하는 분들이 있습니다. 처음에 기본기 없이 시작해 자신의 경험을 버리지 못하기 때문입니다. 자신의 경험이 맞는다고 생각하여 손실이 발생하는 투자방법을 못 바꾸는 것이죠. 또 조금 경험이 있는 분들은 '다 아는 내용'이라고 얘기합니다. 다 알면 뭐할까요? 자신의 매매에 문제점이 발견되거나 보충할 점이 있다면 받아들여서 실전에서 적용해야 하는데 그게 잘 안 되나 봅니다. 다 아는데 실전에서 실패합니다. 아는 것은 많은데 자기 경험을 믿는 것이죠. 손실 나는 경험, 쪽박으로 가고 있는 자신의 투자방법을 여전히 믿습니다. 경험은 있는데 수익은 없으니 강연회도 다니고 새로 나온 책도 열심히 읽습니다. 그러고 하는 말이 다 아는 내용이랍니다. 그런데 돈은 못 벌어요. 장담컨대 이런 식이라면 앞으로도 힘들 것입니다. 처음 입문하는 여러분은 그런 오류를 범하지 않기를 간곡히 바랍니다.

차트12 에이디테크놀로지

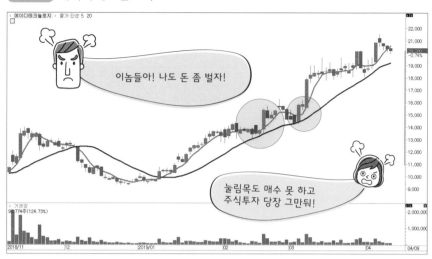

차트 12는 골든크로스 이후 5일선을 타고 기분 좋게 상승하고 있습니다. 매일 조금씩 상승하기 때문에 주가는 매일 상승하지만 데이트레이딩은 불가능합니다. 이런 종목은 스윙매매를 해야 수익을 챙길 수 있습니다.

주가가 상승하다가 20일선까지 하락하는 부분이 있습니다. 눌림목 시점에서 주가가 20일선에 붙어 단봉이 나오고 있습니다. 단봉 밑에 꼬리가 달렸다면 20일선 지지의 신뢰도가 높다고 할 수 있습니다. 앞으로 실전에서 이런 종목이 나온다면 매매에 가담해야겠죠. 골든크로스에 매수하지 못하고 눌림목에서 샀다고 해도 30% 정도의 수익을 올렸을 것입니다. 은행이자 10배 이상의 수익을 이런 간단한 눌림목 매매 하나 가지고 올린 것입니다.

20일선 눌림목 매매는 누구나 할 수 있는 신뢰도 높은 쉬운 매매방법입니다. 안전하고 쉬운 길을 누구나 아는 쉬운 거라고 버려두고 어려운 매매방법을 찾아다니니 안타깝습니다. 투자자들이 이런 쉬운 매매방법을 왜 버리는 것일까요? 욕심이 끝이 없기 때문입니다. 하루에 큰돈을 벌고 싶은 욕심에 간단한 매매방법으로는 성이 안 찹니다. 많은 개인투자자들이 잊어버리고 있는 것이 있습니다. 자신의 목표수익이나 만족을 위해 매매하는 것보다 중요한 것은 계좌에 쌓여 있는 돈을 잃지 않고 조금씩이라도 불려 나가는 것이라는 것을 말이죠. 욕심이 과해서 자신의 계좌를 돌볼 줄 모릅니다.

어려운 매매방법을 찾아 돌아다니지 말고 쉽고 단순한 매매방법을 어떻게 실전에서 적용할 것인가를 연구하는 것이 오히려 도움이 됩니다. 주식시장에서 오래 살아남고 싶다면 말이죠.

차트13 엘브이엘씨홀딩스 – 20일선 눌림목 저점에 물량을 걸어 놓는 매매

차트 13은 주가가 1차 상승 후 눌림목을 줍니다. 주가가 상승한 다음에 조정을 받는데 음봉 2개로 20일선까지 도달합니다. 이후 20일선을 도지형 캔들이 지지해주면서 20일선 눌림목을 완성합니다.

눌림목에서 이런 매수도 가능합니다. 5일선과 20일선의 간격이 클 때 음봉 2개가 나왔지만 주가의 공백이 있는 경우가 있습니다. 이럴 경우 상승전환할 때 매수하는 것이 정석입니다. 그러나 매수주문을 걸어놓는 방법도 있습니다. 주가는 공백을 메울 캔들이 나오거나 그냥 상승하거나 하락하거나 할 테니까요.

일단 20일선이 기준선이니까 눌림목이 성공하면, 20일선에 걸어 놓았다가 체결된 물량이 가장 저가에 매수된 물량이겠죠. 실패할 경우 가장 좋은 가격에 손절매가 가능합니다. 물론 이렇게 20일선에 물량을 걸어놓는 매매는 공백을 메우지 않고 그냥 상승하면 체결이 안 될 것입니다. 이럴 때는 그냥 물량을 빼면 됩니다.

이런 식으로 물량 체결을 하는 방법도 있습니다. 만약 성공한다면 눌림목 저점에서 매수하는 것이니 수익이 더 높을 것입니다. 이 방법도 같이 연습하기 바랍니다. 여러 가지 매수방법을 통해 자신에게 맞는 최적의 매매타이밍을 찾아보세요.

반등 시점을 찾을 수 있는 힌트, 중장기 이평선 매매

▲▲▲▲▲▲▲▲

차트 매매에서 중요한 이동평균선은 누가 뭐래도 5일선과 20일선입니다. 그래서 5일선과 20일선 활용법을 집중적으로 설명했습니다. 장기투자가 아니라 단기매매를 한다면 5일선과 20일선만 봐도 충분하겠지만 그렇다고 중장기 이동평균선이 꼭 장기 투자자에게만 필요한 것은 아닙니다.

주가가 중요 지지선인 20일선을 이탈했을 경우를 생각해보세요. 주식은 외로운 존재입니다. 주가가 20일선을 이탈하면 다음 지지선을 찾을 것입니다. 종합지수에서도 20일선을 이탈하면 60일선에서 지지되는지를 확인하라고 말합니다. 개별종목도 마찬가지입니다. 물론 중장기 이평선을 무시하고 그냥 하락하는 종목도 있습니다. 악재가 터진 종목이죠. 그러나 상승추세가 남아 있어도 20일선을 지지하지 못하는 종목알 경우도 있습니다. 이때는 20일선 밑에서 따라오는 이평선의 지지를 받고 상승으로 전환하기도 합니다. 또 매물의 압박을 이기지 못해 주가가 하락하더라도 이 종목의 주도세력은 무한정 주가가 하락하기를 원하지 않을 것입니다. 이들도 주가를 지지하는 곳을 중장기 이평선으로 잡는 경우가 많습니다. 그래서 20일선이 무너진 종목이라도 하락이 깊다고 섣불리 매매하지 말고 다음 이평선에서 지지되는지를 확인하고 매매할 필요가 있습니다.

차트14 테라셈 – 60일선에서만 보이는 차트도 있다

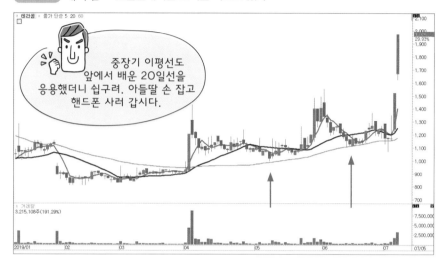

차트 14는 주가가 변화무쌍하죠. 단기 이평선이 오락가락합니다. 이런 단기 이평선으로는 정확히 판단하기가 어렵습니다. 그런데 60일선을 설정하니 이 종목이 어디서 지지되고 있는지가 확인되죠? 주가는 20일선을 하향 이탈하지만 60일선에서 지지되면서 반등하고 있습니다. 20일선에서 나와야 하는 지지가 60일선에 나온 것이죠. 지지되는 모습을 보고 매매하는 방법은 20일선이나 60일선이나 똑같으니 같은 방법으로 대응하면 됩니다.

이 종목의 경우 바닥을 만드는 곳에 60일선이 지나가면서 지지 역할을 해주고 있기 때문에 이때 매수했다면 단기 저점에서 매수하는 행운이 따랐을 것입니다. 만약 매수했다면 다음은 지금까지 배운 매매방법을 적용하여 홀딩이냐 매도냐를 판단하면 됩니다.

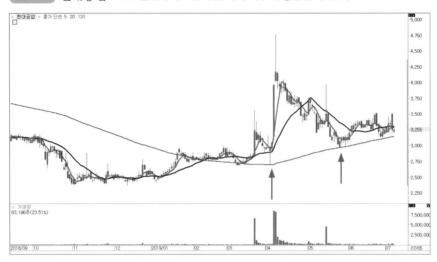

저점이 높아지면서 같은 이평선이 연속 지지된다면 바닥 매수에 나서볼 만합니다.

　차트 15는 120일선을 설정한 것입니다. 그렇게 하니까 지지되는 것이 보이죠? 첫 번째 지지구간을 보겠습니다. 주가가 장대음봉으로 쭉 내려가는데 반등에 성공하고 있습니다. 중장기 이평선을 설정해보니 120선을 찍고 상승하고 있는 것이 보입니다. 120일선이 지지 역할을 하고 있는 것이죠. 120일선이 주가 하락의 마지노선 역할을 해주고 있습니다. 두 번째 지지는 주가가 급등한 후 하락추세에 접어들었습니다. 주가가 끝없이 내려가는데 120일선에 하락을 멈추고 지지를 받습니다. 주가가 정신없이 움직이는 것 같지만 바닥은 120일선을 지지선 삼아 시세를 주고 있는 것을 확인할 수 있습니다. 이평선 기간은 다르지만 20일선 눌림목과 똑같이 대응하면 됩니다.

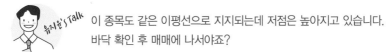 이 종목도 같은 이평선으로 지지되는데 저점은 높아지고 있습니다.
바닥 확인 후 매매에 나서야죠?

차트 16은 240선을 설정한 것입니다. 240일이면 1년 간의 주가 흐름이죠. 이 종목은 20일선이 완전히 붕괴된 하락추세 종목입니다. 끝없이 떨어지는 주가가 어디까지 떨어지는지 봤더니 240일선에 와서야 지지되고 있습니다. 주가가 240일선의 지지를 받고 반등했다가 다시 하락하는데 이번에도 240일선에서 지지를 받고 있네요. 이렇게 중장기 이평선도 매매할 때 유용하게 사용할 수 있으며, 큰 추세나 하락하는 종목의 반등시점을 아는 데 요긴합니다.

안타까운 것은 주식을 좀 안다 싶으면 이평선 활용을 매매 기초로 치부하고 무시한다는 점입니다. 그리고는 실전에서 쉽게 적용하기 어려운 매매를 합니다. 실전에서는 단순하지만 아주 유용한 이런 매매도구를 잘 활용하는 현명함이 필요합니다. 틈만 나면 이런 얘기를 하는 이유는 아무리 얘기해도 무리한 매매로 돈을 잃는 투자자가 너무 많기 때문입니다.

많이 아는 것보다 계좌에 돈이 쌓이는 게 중요하겠죠? 계좌의 돈이 일단 사라지면 복구는 너무 힘듭니다. 적어도 이 책을 읽는 분들은 단순하고 쉬운 것 같지만 돈이 되는 이런 매매방법을 배우기 바랍니다. 단순하게 보여도 실전에서 적용하려면 어렵기 때문에 철저하게 배우려는 자세가 필요합니다. 쉬운 것이라도 돈이 벌리면 그것만 사용하면 됩니다. 돈을 잘 버는데 다른 것을 배울 필요는 더 없겠지요.

주식투자에 어렵고 화려하게 보이는 매매방법만이 돈을 벌어주지는 않는다는 것을 명심하기 바랍니다. 100명의 고수를 만나 개념도 못 잡고 우왕좌왕하느니 단순한 것 하나라도 제대로 활용하는 것이 돈을 버는 지름길입니다. 주식시장에서는 돈 버는 놈이 장땡입니다. 누가 뭐래도 주식시장에서는 이게 진리입니다.

◆5◆
특정 지지선을 숨긴 세력과의 숨바꼭질, 이평선 매매

▲▲▲▲▲▲▲▲

중장기 이평선의 특징 중 하나는 한 번 지지되는 이평선이 다음에도 지지선 역할을 한다는 것입니다. 60일선, 120일선, 240일선 무엇이든 상관없습니다. 그 이유는 여러 가지가 있겠지만 주도세력이 주가를 유지하기 위해 보는 이평선이 지지 역할을 해주는 경우일 때가 많습니다. 아니면 종목의 참여자들이 생각하는 이평선이 지지 역할을 하는 경우입니다. 이런 이유들로 중장기 이평선은 하락을 막아주는 지지선이 됩니다.

단기적인 시세나 단기매매를 할 때는 역시 5일선과 20일선이 중요하지만, 장기추세를 보고 싶다면 중장기 이평선을 활용하라는 말입니다. 주도세력이 어느 이평선을 볼지는 모릅니다. 위에 언급한 이평선 외에도 40일선이라든지 200일선이라든지 주도세력이 선택한 이평선이 있을 수 있습니다. 그러나 개인 입장에서는 종목마다 이것을 모조리 찾아보는 것은 무리라고 생각합니다. 그냥 보편적으로 볼 수 있는 이평선을 이용하고 매매하는 것이 타당할 것입니다.

차트17 액트 – 지지되는 이평선을 찾아 기억하라

 유지윤's Talk 이평선 지지를 확인 후 매수에 나서면 됩니다.
만약 주가가 밀리면 이평선을 기준으로 손절하세요.

차트 17은 주가가 시세를 주고 조정을 받을 때 20일선이 아니라 120일선을 지지해주고 있습니다. 연속적으로 3번이나 계속 지지해주고 있죠. 이런 종목은 첫 번째 지지되는 이평선을 기억하는 게 좋습니다. 60일선이든 240일선이든 지지되는 이평선을 기억했다가 이 종목이 하락할 때 전에 지지되었던 중장기 이평선에서 지지되는지를 확인하고 매수하면 됩니다. 찾아보면 이런 종목이 의외로 많습니다. 역시 손절가는 확실히 정해져 있는 것이기 때문에 안전한 매매가 가능하다고 볼 수 있습니다.

매매타이밍은 지금까지 배운 것을 적용하면 됩니다. 조금 벌고 왕창 잃는, 돈도 잘 안 벌리는 매매방법을 찾지 말고 이런 매매방법을 실전에서 한 번 적용해 보세요. 의외로 잘 맞습니다. 특히 주식을 처음 시작하거나 입문과정에 있다면 이런 매매방법을 먼저 사용하기 바랍니다.

차트 18은 주가 하락 시 중장기 이평선이 지지 역할을 하고 있습니다. 6개월 이상 120일선이 주가 하락을 막는 지지선 역할을 하고 있네요. 지지 이평선인 120일선을 체크했다가 주가 하락 시 120일선이 다시 지지 역할을 하는지 확인하고 매수한다면 성공적인 매매가 될 것입니다. 주식투자할 때 자신이 어떤 매매를 할 것인지를 선택하세요. 그리고 그 매매방법에 맞는 종목이 오기를 기다렸다가 매매에 들어가세요. 이것저것 수많은 매매방법을 활용하는 것보다 안정적이고 효과적입니다.

2.
이평선을 이용한
하락 종목 피하기

하락하는 종목에는 음봉이 몰린다

▲▲▲▲▲▲▲▲

〈태양을 피하는 방법〉이라는 노래가 있습니다. 주식에서 피해야 할 것은 하락입니다. 주식에서 하락이란 돈을 잃는 것이고, 하락하는 폭만큼 투자금이 사라질 것입니다. 하락하는 종목을 보유하고 있는 기간만큼 손실을 입는 것이죠. 손실이 커지기 전에 빨리 매도하는 것이 매수만큼이나 중요합니다. 투자금을 잃으면 복구하는 데 많은 시간과 노력이 필요합니다. 그래서 주식투자는 수익에 앞서 원금을 지켜내는 것이 우선입니다.

하락하는 종목을 매매하지 말아야 한다는 것은 누구나 아는 뻔한 말이지만 실전에서는 하락하는 종목을 매수해 손해 보는 투자자들이 너무 많습니다. 알면서도 실천을 못 하는 것이죠. 하락하는 종목을 매수하면 손해 본다는 것을 알면서도 하락추세의 종목을 매수하는 투자자는 도대체 무슨 심리일까요?

▌첫째로 '내일은 반등하겠지'라는 마음입니다. 이 상태로 매도를 안 하고 버티면 내일은 예상대로 반등할까요? 아니죠. 이런 생각을 가진 투자자는 내일

미국증시의 반등이나 한국증시의 상승을 예상하면서 매도를 안 하고 버팁니다. 기대한 대로 반등에 성공한다면 돈을 벌 수 있을 것입니다. 실제로 하락추세에 있는 종목은 장 상황이 호전되면 잠깐의 반등은 있을 수 있습니다. 그러나 하락 추세를 멈춘 것이 아니라 장 상황에 따른 일시적인 현상이기 때문에 다시 추가 하락할 가능성이 높습니다. 장 상황이 좋아질지도 모를 내일 아침을 노리는 건데 성공한다 하더라도 수익이 적을 뿐만 아니라 장이 반등하지 않는다면 추가적인 하락을 고스란히 떠안게 됩니다. 성공 가능성보다 실패할 가능성이 높은 투자방법인 것이죠. 그리고 아침 장을 노리는 매매방법은 하락추세에 있는 종목으로 노려서는 안 됩니다. 내일은 반등 시점이라는 지극히 주관적인 투자방법을 하락추세에 있는 종목에 적용하는 것은 성공 확률이 적을 뿐만 아니라 성공해도 수익이 미미한, 밑지는 장사니까요.

둘째는 하락하는 종목에 물린 사람들입니다. 상승할 줄 알고 매수했는데 상승하지 못하고 하락한다면 손실을 끊어줘야 합니다. 이게 안 되면 계좌에 돈이 사라지는 것을 하염없는 눈물로 바라보게 됩니다. 사실 손절매라는 것이 말이 쉽지 실전에서는 어렵습니다. 너무 빨리 하락하는 종목은 '어!' 하다가 대처할 기회를 놓치고, 보통 속도로 하락하는 종목은 서서히 내리기 때문에 내일은 반등할 것이라는 기대를 포기하지 못하게 만듭니다. 주가를 움직이는 세력들은 개인들의 이런 심리를 잘 알고 이용합니다. 급락하는 종목은 더 심합니다. 갑자기 큰 손실을 입기 때문에 순간적인 대처가 쉽지 않으며 이미 큰 손실을 입었기 때문에 팔기도 부담스럽습니다. 팔면 바로 반등할 것만 같고, 매도 후 진짜 반등한다면 이중으로 미쳐버립니다.

그래서 주식투자의 기본 원칙 같은 매매방법이 왜 나왔는지를 잘 이해하고 대처하는 것이 중요합니다. 이번에는 어떤 종목들을 매도나 매매하지 말아야 하는지 알아보겠습니다. 하루 주가가 아침에 시작했던 가격, 즉 시가보다 상승하여 끝나면 양봉으로 표시됩니다. 하락으로 끝나면 음봉으로 표시되고요. 그런데 차트에 음봉이 몰려 있는 경우가 있습니다. 음봉이 몰려 있다는 것은 주가가 하락추세에 있다는 것을 의미합니다. 하락추세에 있는 종목은 언제 반등할지 알 수 없습니다. 그럼에도 불구하고 지레짐작으로 반등을 예상하고 매수하는 경우가 너무나 많습니다. 실제 사례로 보겠습니다.

차트1 한화손해 보험

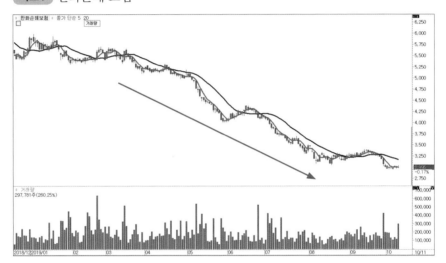

지속적으로 음봉만 출현하는 구간입니다. 양봉 한두 개가 나왔다고 반등을 예상하고 매수하는 투자자들이 있습니다. 그러나 차트에서 보다시피 하락하는 종목이 언제 반등하는지는 누구도 알 수 없습니다.
반등에 성공한다면 약간의 이익을 얻겠지만 실패할 때의 손실은 알 수 없을 정도입니다. 따라서 확실한 반등 신호가 나오기 전까지는 매수해서는 안 됩니다.

차트 1이 하락하는 모습을 보세요. 거의 음봉입니다. 시가보다 주가가 떨어져서 마감한다는 것이죠. 이 종목을 들고 있는 투자자의 심정이 어떻겠어요? 이렇게 매일 음봉이 떨어지는 종목을 '언젠가는 반등하겠지'라는 마음으로 들고 있다가는 큰 손실만 입을 것입니다. 음봉이 연속적으로 나오는 것이 하락구간의 특징입니다.

차트2 서울리거

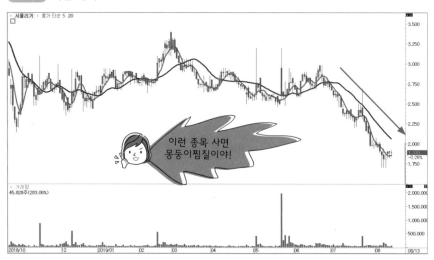

차트 2에서는 확실히 확인할 수 있습니다. 하락구간에는 거의 파란색입니다. 이 종목은 횡보하는 구간도 거의 음봉입니다. 횡보구간부터 매수해서는 안 되는 종목인 것이죠. 분명히 매매해서는 안 되는 종목임에도 거래가 있습니다. 이런 종목에서 수익을 내 보겠다고 매매하는 투자자가 있기 때문입니다. 절대로 성공할 수 없습니다. 주식 좀 해봤다고 거들먹거리다가 크게 손해를 보고 떨어져 나간 투자자들이 많습니다. 처음에 배울 때 제대로 배워야 주식시장에서 살아남을 수 있습니다.

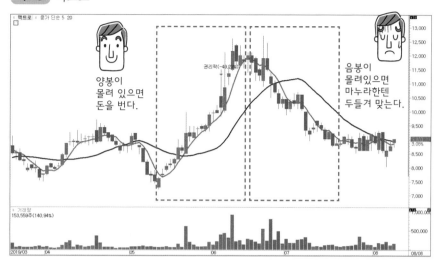

차트 3은 주가가 상승했다가 다시 제자리로 돌아오고 있는 모습을 보여주고 있습니다. 어떤가요? 상승추세일 때와 하락추세일 때의 캔들이 제대로 대비되고 있습니다. 투자해야 할 때와 하지 말아야 할 때가 느껴질 겁니다. 다 똑같아 보인다고요? 그렇다면 주식투자 그만두는 게 남는 장사입니다.

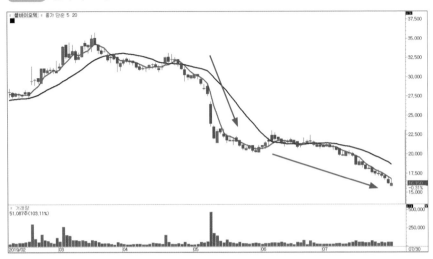

 이 차트는 급락할 때는 장대음봉, 천천히 하락할 때는 짧은 음봉이 쉼 없이 나오고 있습니다. 걸렸다 하면 '죽었다' 복창해야 합니다.
한시라도 빨리 빠져나오는 것이 상책입니다.

　차트 4에서 주가가 반토막이 나는 과정을 살펴보세요. 음봉 투성이입니다. 매일 반등을 기대하지만 기대는 매일 어긋납니다. 매일 주가가 하락하고 있는데 '언젠가 반등하겠지, 이쯤이면 반등할 거야' 하는 기대감으로 버티면 큰 손실이 발생합니다. 매일 조금씩 조금씩 투자금이 줄어드니 한방을 기대하며 버티지만 어느 순간 반토막이 난 계좌를 발견할 것입니다. 버티는 것이 상책이 아니라 빨리 매도하는 것이 상책입니다. 매수 순간부터 매도 신호가 나오면 버린다는 계획을 가지고 들어가세요.

5일선이
꺾이면 팔아라

▲▲▲▲▲▲▲

보유하고 있는 종목이 크게 하락한 상태라면 이미 큰 손실을 입은 상태일 것입니다. 그렇다면 손실을 최소한으로 끊고 다음 기회를 노리는 손절매의 의미가 없는, 답 없는 상태입니다. 이런 일을 겪지 않으려면 보유하고 있는 주식을 하락 초기에 매도해야 되는데 이 시점을 어떻게 알아내 대처할 수 있을까요?

먼저 5일선이 꺾이는 종목에 주목하세요. 5일선을 타고 상승하는 종목이 5일선을 이탈하는 순간을 말합니다. 물론 5일선을 타고 상승하는 종목이라도 5일선을 살짝 이탈했다가 다시 상승추세를 이어가는 종목도 있기 때문에 5일선을 이탈했다고 무조건 매도해서는 안 됩니다. 장중에 5일선을 이탈했지만 장 마감 때는 다시 5일선 위로 복귀하는 경우는 매도하지 않습니다. 또한 장 마감 때 5일선을 이탈했다고 해도 추세가 꺾이지 않았다면 매도하지 않습니다. 그러면 언제 매도해야 될까요? 5일선을 장대음봉으로 깨는 경우, 즉 이미 큰 시세를 주고 상승탄력이 둔화된 상태에서 음봉이 나오거나 5일선이 꺾이는 경우에 매도하는 것이 손실을 짧게 끊는 방법이 됩니다.

차트 5는 상승하던 종목이 갑자기 하락하기 시작합니다. 매일 양봉이 나오더니 이제는 매일 음봉이 나옵니다. 매도 시점은 다양하게 잡을 수 있지만 가장 빠른 선택은 5일선이 꺾이는 시점입니다. 5일선이 하향으로 돌아설 때 나오는 음봉에 매도해야 하는 것이죠. 늦어도 20일선 이탈 시에는 빠져나와야 합니다. 매도타이밍은 시장을 읽는 힘과 감이 필요합니다. 초보자는 어려울 수 있으니 일단 5일선이 꺾이면 매도하는 연습을 해보세요. 실전에서 큰돈을 잃지 않으려면 매도에도 연습이 필요합니다.

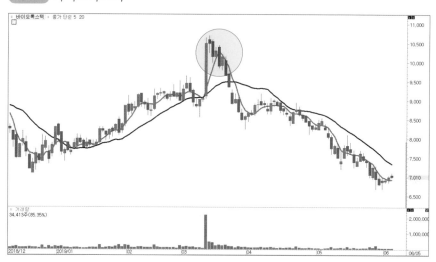

차트6 바이오톡스텍

 5일선 매도는 가장 좋은 가격에 매도하는 방법이지만 쉽지 않은 선택을 요구합니다. 실전 매매 전에 꾸준한 매도 연습 역시 필요하다고 말하는 이유이기도 합니다.

차트 6을 보면 주가가 시세를 주며 상승하다 갑자기 장대양봉이 나옵니다. 그 후 추가 상승하지 못하고 주가가 밀려 내려옵니다. 5일선이 꺾이는 시점에 음봉이 걸려 있죠? 캔들만 봐도 추가 상승을 기대하기 어려운 모습입니다. 장대양봉 이후 추가 상승하려면 적어도 주가가 지지되는 모습을 보여줘야 하는데 슬슬 밀려 내려옵니다. 다들 몸 사리는 종목이라면 본인도 빨리 결단을 내려야 합니다. 매수해서 수익을 얻고 있는 투자자라면 수익을 지키기 위해, 고점에 따라붙은 투자자라면 원금을 지키기 위해서라도 5일선이 꺾일 때 매도해야 한다는 걸 잊지마세요.

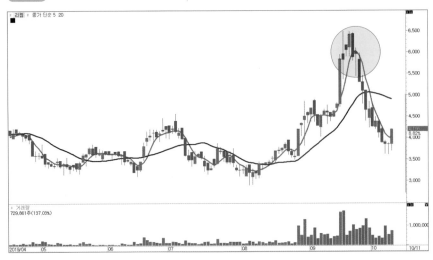

 주가가 꾸준히 상승하던 종목이 한순간에 급락하기 시작합니다. '아차' 하는 순간 손실은 걷잡을 수 없이 커집니다. 상승하는 속도는 느리지만 하락하는 속도는 빠릅니다. 매수만큼 중요한 것이 매도입니다.

　차트 7은 큰 변동 없이 움직이던 중 호재가 생겼는지 상승하기 시작합니다. 앞의 고점도 무난하게 돌파하고 6천 원대를 돌파합니다. 저점에서 매수한 투자자는 100% 수익도 가능했을 겁니다. 전고점 돌파를 보고 매수했다 하더라도 적지 않은 수익을 얻었겠죠.

　수익이 났으면 어디까지 가져가야 하는가가 중요한데 갑자기 급락했습니다. 이때 매도를 망설였다면 벌어 놓은 수익이 순식간에 사라지고 손실로 전환됐을 것입니다. 이평선의 이격이 크기 때문에 데드크로스면 매도가 너무 늦습니다. 5일선이 꺾일 때가 최상의 선택이죠. 망설이다 매도하지 못하면 손실을 감당할 수 없는 종목이었습니다. 매도의 첫 번째 대응은 늘 5일선이 꺾일 때라는 것을 명심하기 바랍니다.

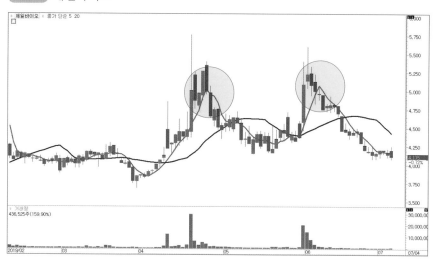

 고점마다 매도할 수 있는 기회가 있습니다. 망설이는 시간만큼 투자금이 사라진다는 걸 기억하세요.

차트 8은 4천 원대의 주가가 상승합니다. 6천 원 돌파에는 실패했지만 큰 상승을 만들어 냈습니다. 고점을 찍고 하락하는데 장대음봉으로 떨어지네요. 장대음봉이 나오면서 5일선도 꺾이고 있습니다. 장대음봉에 5일선이 꺾이는 것을 확인했다면 매도해야 합니다. 그런데 주가가 하락한 후 다시 상승합니다. 그냥 보유하고 있었으면 원금은 회복했겠지만 마음고생이 심했을 겁니다. 고점에 매도하지 못하고 망설이다 하락 마무리 구간에 매도했다면 다시 올라가는 주가를 보며 망연자실하겠죠. 고점에 매도했으면 저가 매수기회라도 얻었을 텐데 고점에서 매도하지 못한 결과로 기회까지 잃게 됩니다.

주가가 다시 상승했지만 전고점을 넘지 못하고 쌍봉을 만든 채 하락합니다. 이번에도 5일선이 꺾일 때 매도기회를 살리지 못했다면 큰 손실로 이어졌을 겁니다. 기회가 있을 때 매도해야 다음 기회를 얻을 수 있습니다.

3
데드크로스면
팔아라

▲▲▲▲▲▲▲▲

　상승하던 주가가 하락할 때 제일 빨리 매도할 수 있는 시점은 5일선이 꺾일 때입니다. 여길 놓친다면 다음 매도 기회는 데드크로스입니다. 데드크로스는 매도의 마지노선입니다. 기술적 분석의 기초에서도 설명했지만 데드크로스는 강한 저항선을 깨고 이탈하는 것을 말합니다. 특히 5일선이 20일선을 깨고 하락할 경우 하락의 힘이 크다고 할 수 있겠습니다. 반드시 지켜야 하는 데드크로스는 고점에서 발생하는 데드크로스입니다. 이미 크게 상승한 종목이 아무 지지선 없이 하락하면 시세가 다한 것이라 판단하고 매도로 대응해야 합니다.

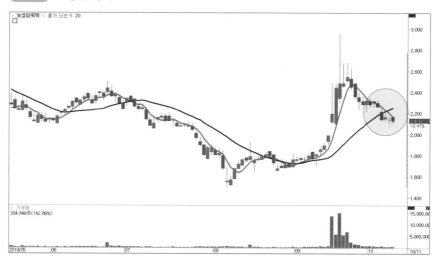

 이미 자연스럽게 하락하고 있는 종목이기 때문에 아무리 늦어도 데드크로스 전에는 매도해야 합니다. 신규매수자가 20일선 지지를 노리는 경우가 있는데, 고점에서 하락세가 진행 중인 종목이라면 20일선 지지를 노리는 것은 위험합니다.

    차트 9는 저점에서 많이 상승한 상태입니다. 세력이 고점에서 물량을 털고 나간 종목은 하락할 때 연속적으로 음봉이 출현합니다. 그러다가 데드크로스가 나타나죠. 이미 상승했던 종목이라면 기계적 대응이 문제가 됩니다. 고점에서 주가가 하락하면 5일선과 20일선 사이에 적지 않은 간격이 있고, 데드크로스에 팔기엔 너무 늦습니다. 그 전에 매도해야 한다는 것이죠. 5일선이 꺾인 상태고 연속적으로 음봉이 출현한다면 데드크로스 전에 매도하세요. 5일선이 꺾일 때가 최적의 매도타이밍이며, 데드크로스는 손절의 마지노선이 돼야 합니다.

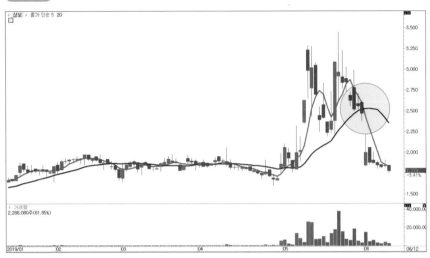

 주식투자에 실패하는 원인 중 하나가 무작정 반등을 기다리다 매도타이밍을 놓치는 경우입니다. 데드크로스에 매도만 할 수 있어도 큰 손실을 예방할 수 있습니다.

차트 10은 시세를 주고 하락하고 있습니다. 급반등했다가 급락하고 바로 전고점까지 주가를 올렸다 다시 하락합니다. 변화무쌍한 종목이죠. 정신없이 움직이니 동작이 느린 투자자는 대처가 어려웠을 것입니다. 이런 종목은 수익을 못 올려도 좋으니 정석으로 대응하는 것이 현명합니다. 변화가 심한 종목은 제대로 대응하지 않으면 순식간에 손실이 발생하니 주의하세요. 돈 벌었다고 좋아했다가 바로 손실이 발생할 수도 있는 종목이니까요. 여기서도 데드크로스는 반드시 매도해야 하는 지점이었습니다. 데드크로스 이후 주가가 갭하락합니다. 매도하지 못했다면 다음 날 큰 손실로 장을 시작했을 겁니다. 아침에 장이 시작하자마자 손실이면 얼마나 마음이 아프겠습니까? 당황해서 대처도 잘 안 됩니다. 이런 상황이 오기 전에 대비하는 것이 최선입니다.

유지관's Talk 장대음봉으로 데드크로스가 나오고 있습니다. 장중에 매우 급박한 상황이죠. 과감하게 결단할 줄 알아야 살아남을 수 있습니다.

차트 11은 하락추세의 종목이 반등에 성공하여 주가를 20일선 위에 올려놓습니다. 그런데 주가를 끌어올리지 못하고 바로 데드크로스가 발생합니다. 장대음봉이 나온 것으로 보아 악재가 발생한 것이죠. 악재로 인한 데드크로스는 남들이 매도할 때 같이 매도해야 됩니다. 여기서 '기다려 보자'라고 생각했다가는 바로 손실로 넘어갑니다.

매물이 쏟아지는 하락은 과감하게 매도해야 살아남을 수 있습니다. 이 종목역시 최소 데드크로스에서만 매도했어도 손실을 크게 줄일 수 있었을 것입니다. 마지막 지지선을 이탈한다면 반드시 매도로 대응하세요. 기본을 망각하면큰 손실로 이어지는 것이 주식투자입니다. 기본이 탄탄해야 거기에 살을 붙여다른 매매를 할 수 있는 것이죠. 기본이 없으면 아무리 현란한 매매기법을 알더라도 성공할 수 없습니다.

 제일 빠른 매도기회는 5일선이 꺾일 때입니다. 이 기회를 놓쳤다면 데드크
로스가 마지노선입니다. 여기마저 놓치면 주식투자를 하는 의미가 없습니다.
손실이 너무 커질 테니까요.

　차트 12는 의미 없이 움직이던 주가가 장대양봉이 나오면서 상승합니다.
1,000원짜리 주식이 단숨에 1,500원을 돌파합니다. 순식간에 50%의 수익이 난
것이죠. 크게 오른 종목이 잘 가나 싶었는데 갑자기 연속 음봉이 나오면서 순식
간에 제자리로 돌아갑니다. 여기서 망설였다가는 큰 손실로 이어집니다. 5일선
이 첫 번째 매도기회이고, 데드크로스가 두 번째 기회입니다. 데드크로스일 때
늦었다고 생각하고 매도를 안 했으면 어떻게 됐을까요? 원금이 회복불능 상태
가 됐을 것입니다. 매도하기 늦었다고 생각될 때 늦은 것은 사실이지만 아직 차
선의 선택은 할 수 있습니다. 데드크로스는 주식투자에 있어 기본입니다. 오래
투자하다 보면 이런 기본을 잊어버리고 기교에 집중하게 됩니다. 그러나 주식
투자의 승패는 단순한 기본에 있다는 것을 잊지 마세요.

◆4◆
고점에서
하락장악형이 나오면 팔아라

▲▲▲▲▲▲▲▲

가장 빠른 매도 방법 중 하나가 하락장악형이 나왔을 때 매도하는 겁니다. 전일 양봉이 나오고 오늘은 전일의 양봉을 덮는 음봉이 나오는 경우를 '하락장악형'이라고 부릅니다. 전일 상승한 주가가 제자리로 돌아왔다는 뜻이지요. 그런데 이런 하락장악형이 고점에서 나왔다면 주가가 하락할 가능성이 상당히 높습니다. 고점에서 나타나는 하락장악형은 세력의 이탈신호일 가능성이 높기 때문입니다. 고점에서 거래량이 터진 장대음봉은 세력이 물량을 털고 나간다는 신호입니다. 그래서 고점에서 나오는 음봉 하나에 매도할 줄 알면 고수라고 부를 수 있다고 말하는 겁니다. 알고도 매도하지 못하는 것이 주식투자입니다. 그만큼 고도의 판단력이 필요하니까요.

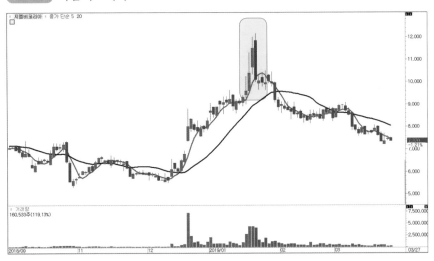

차트13 지엠비코리아

 세력이 이탈한 후에 남는 것은 하락밖에 없습니다.
손실을 줄이는 최선은 남보다 먼저 매도하는 것입니다.

　차트 13은 주가가 5일선을 타고 보기 좋게 상승하다가 갑자기 거래가 터지더니 장대양봉과 장대음봉이 연속으로 나오면서 하락장악형이 출현합니다. 주가가 이미 크게 상승한 고점에서 하락장악형이 나왔다면 더 기다릴 필요 없이 하락장악형에 나온 음봉 하나에 끊었을 때가 최상의 선택이 되는 경우가 상당히 많습니다. 이는 고점에서 나오는 하락장악형의 신뢰도가 높다는 것을 의미합니다.

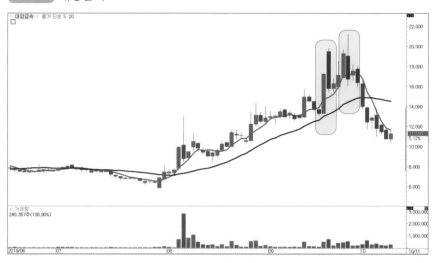

차트에서 매도 신호가 계속 발생하고 있는데도 혹시나 하는 마음에 매도를 망설이는 투자자들이 너무 많습니다. 멈칫하는 순간 손실액은 감당할 수 없을 정도로 늘어난다는 것을 명심하기 바랍니다.

차트 14는 5일선을 타고 잘 상승하다가 갑자기 캔들이 길어지면서 주가가 요동을 칩니다. 장대양봉이 나온 다음 날 바로 장대음봉이 나오면서 전일의 상승을 무의미하게 만들고 있습니다. 이 종목은 연속적으로 하락장악형이 나오면서 빨리 매도하라는 신호를 보내고 있는 중입니다. 아니나 다를까 하락장악형 이후 5일선이 꺾이면서 데드크로스가 나오죠? 매도 신호가 연달아 나오고 있는데 매도하지 않고 버티고 있는 것처럼 어리석은 일은 없습니다. 차트에 나오는 신호만 제대로 읽을 줄 안다면 큰 손실을 막을 수 있습니다.

 장대양봉이 나왔는데도 버티지 못하고 맥없이 무너지면 위험신호라 생각하고 매도로 대응해야 합니다.

차트 15는 주가가 상승한 후 고점에서 하락장악형이 나오자 하락합니다. 주가가 상승추세일 때는 상승의 각도가 완만해야 그 시세가 오래갑니다. 주가가 시세를 주고 있는 과정이라 해도 장대양봉이 나온다면 예의 주시할 필요가 있는데 양봉을 덮는 음봉인 하락장악형이 나온다면 매수 대기자는 매수를 보류해야 하며, 물량을 들고 있는 투자자는 매도를 준비해야 합니다. 이때가 최고점이 될 가능성이 높으며, 그럴 경우 가장 좋은 가격에 팔 수 있는 기회가 되기 때문입니다.

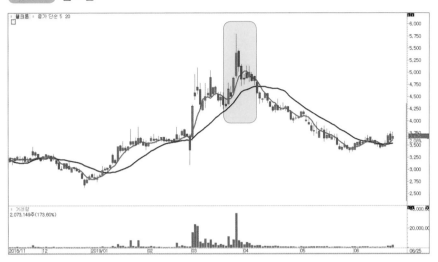

고점에서 하락장악형이 나왔습니다. 전일 장대양봉을 보면 위에 꼬리가 달려 있습니다. 꼬리 부근에서 세력이 물량을 정리하고 다음 날 음봉으로 확인 사살합니다. 이후 주가는 처참합니다. 바로 매도하고 나와야 합니다.

차트 16은 3천 원대였던 주가가 상승하기 시작해 6천 원 언저리까지 올라갑니다. 4천 원 부근부터 주가가 요동치기 시작하죠. 저가에서 매수한 세력이 물량 정리 준비를 하고 있습니다. 그리고 표시한 부분의 주가를 보세요. 전에 볼 수 없었던 엄청난 거래량과 함께 주가를 강하게 끌어올리는데 상한가 안착에 실패합니다. 고점에서 매도하고 나갔다는 것이죠. 하지만 실전에서는 이 캔들 하나만 가지고 확신할 수 없습니다. 그런데 다음 날 음봉으로 주가가 떨어집니다. 거래량도 줄고요. 상한가를 만드는 척 올린 후 고점에서 물량을 정리했다는 것이죠. 그러니 다음 날 거래량이 줄고 음봉으로 힘없이 주가가 떨어집니다.

이런 모습이 나오면 '저점에서 매수한 세력이 팔고 나갔구나'라고 생각하고 바로 물량을 던져야 합니다. 5일선이 꺾이는 매도 신호에 데드크로스까지 발생하니 앞에서 배운 대로 반드시 매도하세요.

20일선이
하락하면 팔아라

▲▲▲▲▲▲▲▲

    주식에서 20일선은 한 달 동안의 주가 흐름을 나타낼 뿐만 아니라 강력한 저항선이자 지지선입니다. 기술적 분석에서 아주 중요한 도구입니다.

    주가가 상승하면 5일선이 위로 올라갑니다. 그리고 그 밑에서 20일선이 따라 올라오면서 주가가 조정을 받을 때는 지지 역할을 합니다. 그런데 20일선이 하락추세로 기울어 있다면 이는 20일선이 지지선이 아니라 강력한 저항선의 역할을 하고 있다는 것을 말합니다. 20일선이 기울어서 저항 역할을 하고 있는 종목이라면 하락추세가 계속 이어질 가능성이 높기 때문에 매매해서는 안 됩니다. 일단 추세를 탄 종목은 강한 힘이 들어오기 전까지 그 추세를 계속 이어갑니다. 또 20일선이 하락하고 있는 종목은 단기매매에서도 실패할 확률이 높기 때문에 함부로 건드려서는 안 되는 것이죠. 그만큼 20일선은 저항의 힘 역시 강합니다.

차트17 신세계인터내셔날

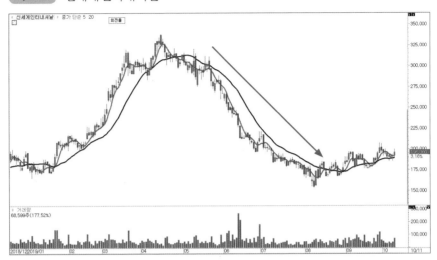

주가가 상승할 때는 5일선을 타고 시세를 줍니다. 주가가 하락할 때는 20일선 밑에서 꼼짝을 못하고 있습니다. 절대 건드려서는 안 되는 구간입니다.

차트 17은 큰 시세를 준 종목입니다. 4개월 정도 상승추세를 이어갑니다. 은행이자가 2%도 안 되는 지금 4개월 만에 은행이자의 몇십 배를 법니다. 이런 일만 계속된다면 주식투자를 안 할 이유가 없죠.

그런데 4개월 정도 잘 올라가다가 이후에는 하락합니다. 이제 문제입니다. 주가가 올라갈 때는 너도나도 좋은데 하락할 때는 빨리 팔고 나오는 사람만 살아남습니다. 다시 4개월 정도 주가가 하락하는데 주가가 상승하기 전보다 더 떨어졌습니다. 주가 하락 구간을 보세요. 주가가 상승할 때 5일선을 타고 올라갔는데 떨어질 때도 5일선을 타고 하락합니다. 하락하는 동안 20일선에 한 번도 접근하지 못하고 있습니다. 이런 종목은 하락 구간 동안 절대로 건드리면 안 됩니다. 주식매매는 적극적으로 매수할 구간과 매도하고 관망할 구간이 있습니다. 이 둘을 잘 구분해야 성공투자를 할 수 있습니다.

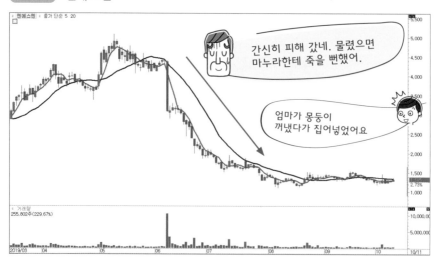

차트 18은 고점에서 천천히 하락하다 갑자기 하한가에 근접하는 장대음봉이 발생합니다. 장중에 하한가를 찍었으니 이미 매수한 투자자라면 눈앞에 깜깜했을 겁니다. 주식투자가 이렇게 무서운 면이 있습니다. 하루에 30%의 손실이니 엄청난 타격이죠. 매도할 시간도 없는 이런 종목이 가끔 나오기 때문에 주식투자가 어려운 것이죠. 물론 요즘에는 로스컷 기능으로 장중에 볼 수 없더라도 얼마든지 대응할 수 있습니다.

이후 주가가 계속 하락하는데 5일선과 20일선의 간격이 넓습니다. 그만큼 하락 강도가 크다는 뜻입니다. 이평선 사이의 간격을 줄일 생각도 못하고 하락하다가 주가가 반토막 이상 나고서야 간격이 줄어들고 있습니다.

주식 격언에 '떨어지는 칼날은 건드리지 마라'라는 말이 있습니다. 떨어지는 칼날을 실제로 보니 '하락하는 종목은 관망해야 하는구나'라는 생각이 절로 들지 않나요? 하락추세 종목은 전문가들도 어렵습니다. 처음 배울 때 제대로 익혀야 나중에 큰 손실을 막을 수 있습니다.

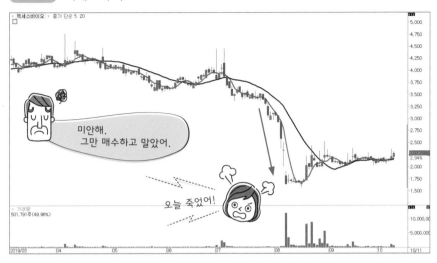

차트 19는 하락 각도가 엄청나죠? 급락하기 전에 이미 주가가 서서히 하락하고 있었습니다. 물량이 없는 투자자는 아예 건드려서는 안 되는 종목이고, 혹시 매도하지 못하고 있었다 하더라도 앞에서 배운 매도 시점에서는 팔고 나와야 합니다.

하락추세 종목이었지만 점점 하락폭이 커지다가 장대음봉이 나오면서 폭락했습니다. 이런 경우는 흔하지 않은데 점점 실망감이 커지면서 투매가 투매를 부르는 상황이 발생하게 된 것이죠. 서로 팔려고 아우성치는 상황입니다. 만약 여기에 휩쓸렸다면 얼마나 힘들었겠습니까? 매도했거나 보유 주식이 없다면 이 상황을 담담하게 지켜볼 수 있었을 것입니다. 그리고 다음 매수기회를 찾았겠죠. 매도할 때 매도해야 다음 기회를 얻을 수 있다는 것을 명심하기 바랍니다.

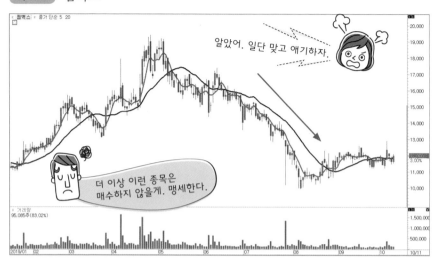

차트 20은 주가가 상승한 만큼 하락합니다. 상승폭을 전부 반납하고 있습니다. 그래도 하락하면서 매도기회를 많이 주었습니다. 거의 3개월간 주가가 하락하면서 언제든지 매도할 수 있도록 했습니다. 그런데도 매도하지 않고 버티고 있었다면 계좌가 반토막이 되었을 것입니다. '이런 종목을 보유하고 있는 투자자가 어디 있어?'라고 생각할지 모르지만 많은 투자자들이 지금도 이런 실수를 저지르고 있습니다. 엉뚱하게도 '네가 이기나, 내가 이기나 보자'라고 생각하는 투자자들이 정말 많아요. 주식은 싸움의 대상이 아닙니다. 그럴 필요 없어요. 그냥 나오는 모습대로 대응만 하면 됩니다.

6
양봉 하나에
덤비지 마라

▲▲▲▲▲▲▲▲

　주가가 일단 하락추세에 접어들면 차트에 음봉이 계속 나타납니다. 하락이 워낙 강할 때는 계속 음봉만 나타나면서 밀리지만 하락추세 중간에 양봉이 나타날 때가 있습니다. 성급한 투자자는 이때를 반등신호로 인식하고 매수에 가담합니다. 음봉이 연속적으로 출현하면서 하락하는 종목에 양봉이 나타났다면 주가를 끌어올리려는 강한 세력이 들어오는 경우도 있지만, 그보다는 주가가 단기간에 많이 하락했다고 생각한 매수세가 들어오는 경우가 대부분입니다. 이걸 반등신호로 읽고 매수에 가담하는 투자자가 있는데 너무 성급한 판단입니다. 하락추세 종목은 하락이 멈추었는지를 확인하고 접근하는 신중함이 필요합니다.

 성질 급한 투자자는 매수하기 딱 좋은 차트 모습입니다. 그러나 아직은 아닙
니다. 거래량이 없고, 이평선은 무너졌기 때문입니다.

차트 21은 일정 가격대에서 긴 기간 횡보하고 있습니다. 거의 4개월간 주가
변동이 없어 보입니다. 그러다 갑자기 주가가 하락합니다. 하락 기간을 살펴보
면 음봉 투성이입니다. 그런데 중간에 작은 양봉 하나가 보이죠? 워낙 주가 변
동이 없던 종목이라서 '이 정도 하락했으면 충분하다'라는 생각에 반등 시도가
나온 겁니다. 그런데 어떤가요? 반등할 것처럼 보였지만 결국은 긴 하락추세에
서 일시적인 멈춤에 불과했습니다. 하락추세에 있는 종목은 양봉 하나로 쉽게
돌릴 수 없습니다. 그러니 양봉 하나에 반등을 예상하고 선취매에 들어가는 것
은 매우 위험한 투자입니다.

양봉 하나로 방향을 돌리려면 추세에 영향을 미칠 만큼 캔들의 길이가 길어
야 되며, 이것을 만든 주체가 있다는 것을 확인할 수 있어야 합니다. 그러려면
거래량이 대량으로 터져야 하는 것이죠. 주체를 확인할 수 있어야 추세 변화를

예측할 수 있습니다. 그런데 이 종목은 어떻습니까? 거래량 변화가 전혀 없고, 캔들 길이도 하락추세에 자연스럽게 꽂혀 있는 모습입니다. 하락추세에 있는 종목을 캔들 하나만 보고 접근한 투자자라면 아마도 단기적인 반등을 노렸을 것입니다.

투자자의 계좌가 자꾸 깨지는 이유는 큰 흐름을 타지 못하고 짧은 시세만 노리기 때문입니다. 처음 주식투자를 할 때 단기투자가 몸에 밴 사람들이 이런 투자습관을 버리지 못하고 '나는 왜 주식에서 돈을 못 벌까'를 고민합니다. 주식에서 돈을 벌기 위해서는 짧게 먹고 나오겠다는 생각으로 하는 매매방법은 버려야 됩니다. 짧게 먹겠다는 단기적인 전략은 99% 확실하게 당신의 계좌를 비워낼 것입니다.

이런 투자방법으로는 돈을 벌지 못한다는 것을 알면서도 잘못된 습관이 들어 고치지 못하는 개인도 많습니다. 특히 투자 액수가 작은 투자자는 단기간에 큰 돈을 벌고 싶은 욕심에 이런 투자방법을 계속 사용합니다. 분명히 말하지만 이런 투자방법으로는 그나마 남은 돈도 모조리 말아먹을 겁니다. 돈을 벌고 싶다면 반드시 이런 투자습관을 버려야 됩니다.

주식에서 돈을 벌려면 확실한 신호가 나온 종목만 매매하면 됩니다. 하락 신호가 강한 종목을 나 혼자만 바닥이라고 예측해고 매수에 가담해서는 안 됩니다. '시장이 신호를 줄 때까지 기다려라' 주식투자로 성공하고 싶다면 반드시 지켜야 하는 말입니다.

실전에서 하락하고 있는 종목을 보면 '내일쯤은 반등하겠지'라는 예상을 자주 하게 됩니다. 예측이 맞아서 약간의 단기수익을 올리는 경우도 제법 있습니다. 그러나 한두 번의 예측이 실패하면 큰 손실로 이어집니다. 하락하고 있는 종목이기 때문에 손절매해도 손실이 큽니다. 데이트레이딩 습관이 있는 투자자들이 이런 우를 범하고 있습니다.

차트 22는 서서히 하락하고 있던 종목인데 본격적으로 하락하기 직전에 20일 선 위에서 움직입니다. 그런데 갭하락 음봉이 나오면서 주가가 급락합니다. 그래도 바로 주가를 지지해주려는 시도가 나왔습니다. 이 종목은 우량주입니다. 이 차트를 보면 투자자들은 이런 생각을 합니다. 이렇게 무겁고 우량한 기업이 갑자기 하락한다면 곧 반등이 나올 것이라고 말이죠. 떨어져도 곧 주가를 회복할 것이라는 판단을 일찍 끝내고, 아직 하락추세임에도 불구하고 매수에 가담합니다. 그러나 헛된 기대임을 금방 깨닫게 됩니다. 주식은 우량주나 소형주나 하락할 때는 걷잡을 수 없습니다. 차트를 보세요. 이평선 간의 간격이 큽니다. 그만큼 하락의 힘이 강하다는 것이죠. 시장이 먼저 바닥이라고 확인을 해줘야지 내가 하면 안 됩니다. 시장에 맞설수록 손실만 커집니다.

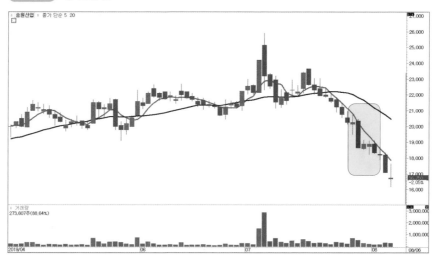

 양봉이 나오면서 주가를 반등시킬 것 같이 보입니다. 그러나 어떤가요? 5일선을 건드리는 데 그칩니다. 저항선을 돌파하기에는 힘이 너무 부족합니다. 이럴 때 반등신호로 예상하고 매수하면 큰일납니다.

차트 23은 거의 횡보 상태의 종목입니다. 본격적으로 하락하기 전 반등 시도가 나오는데 추가적인 상승은 하지 못하고 오히려 하락장악형이 나왔습니다. 고점에서 나오는 하락장악형은 매도 신호입니다. 이 종목처럼 완만히 움직였던 종목이라도 대량 거래가 터지면서 하락장악형이 나온다면 매도로 대응해야 합니다.

주가가 하락할 때를 보세요. 5일선을 위에 두고 내려갑니다. 5일선을 잠시라도 돌파하지 못해요. 그만큼 하락의 힘이 강하다는 겁니다. 거래량도 없습니다. 시장에서 버린 종목이라는 것이죠. 그런데 중간에 양봉이 나오면서 반등 시도가 나오죠? 그런데 보세요. 반등 시도인데 5일선 위로 올라서지도 못합니다. 이럴 때는 '아주 힘이 약하구나'라고 판단하고 완전히 물러서야 합니다.

다음엔 짧지만 양봉 2개가 연속으로 나왔습니다. 그러나 이번에도 5일선에 근접하지 못하고 있어요. 아직 멀었다 생각하고 접근하면 안 됩니다. 그러면 언

241

제 이 종목을 다시 봐야 할까요? 시장이 바닥을 만들고 상승으로 전환할 때입니다. 떨어지는 칼날은 멀리 피하는 것이 상책입니다.

차트24 한화

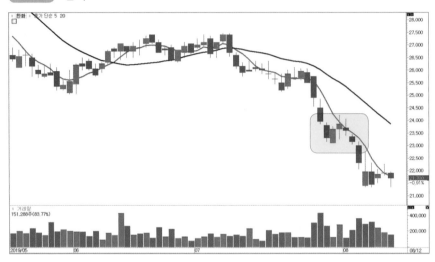

반등 시도가 주가 상승을 만들지만 장 마감 때 5일선을 돌파하지 못합니다. 5일선 위에 올라서지 못한 반등은 믿을 수 없습니다. 여전히 떨어지는 칼날입니다. 멀리 피해 있는 게 상책입니다.

차트 24는 주가가 완만히 상승하다가 하락을 시작합니다. 앞에서 봤듯이 주가가 하락할 때는 대책이 없습니다. 빨리 팔고 나오는 것이 상책입니다. 주가가 5일선을 위에 두고 하락합니다. 주가 최전선에 있는 이평선이 5일선인데 그 위에 올라서지도 못하고 있으니 돈을 벌 수 없는 시기인 것이죠. 그래도 하락 중간에 반등 시도가 나옵니다. 단순한 양봉인 줄 알았더니 주가 상승까지 만들어냅니다. 그런데 그게 다예요. 장 마감 때는 5일선 밑에 주가가 있습니다. 아깝게도 5일선을 돌파하지 못했습니다. 상승 시도가 나왔지만 하락의 힘을 못 이긴 겁니다. 이평선이 줄줄 흘러내리는 상황이니 바닥 기대감으로 접근해서는 안 됩니다.

7

하락하는 종목에
날개를 달려는 시도는 부질없다
▲▲▲▲▲▲▲▲

하락하는 종목에 날개가 없다면 끝없이 하락할 것입니다. 너무 높이 날아올랐다가 산소 부족으로 잠시 정신을 잃고 추락하는 경우라면 날개를 펴고 다시 제자리로 날아오르겠죠. 문제는 더 하락할 것이 남아 있는 종목에 매수자들이 나타나서 하락을 멈추려고 시도하면 일시적으로 하락세가 멈춘다는 것입니다. 여기서 등장하는 매수세는 단기세력과 주가 하락이 멈추는 것을 보고 따라 들어온 개인투자자들입니다.

이 힘이 강하면 하락추세에 양봉 하나가 나오는 것이 아니라 하락추세를 멈추고 반등을 시도하게 됩니다. 그러나 시세를 주고 고점에서 하락하기 시작한 종목이라면 이 반등 시도는 실패로 끝날 가능성이 높습니다. 아직 하락할 것이 많이 남아 있으니까요.

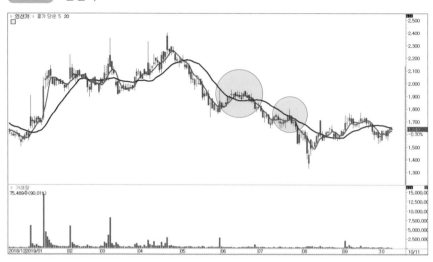

 이평선 돌파를 시도했지만 지지받지 못하고 다시 하락한다면 매도해야 합니다. 이 종목처럼 크게 시세를 준 종목은 이평선을 돌리려는 시도가 실패할 가능성이 매우 높습니다.
일반 투자자라면 매매하지 않는 것이 좋습니다.

차트 25는 주가가 2천 원대에서 움직이다가 하락하기 시작합니다. 이럴 때 5일선을 이탈하는 시점, 데드크로스 시점에 매도해야 한다는 것 정도는 이제 상식이죠? 매도할 거라 믿습니다. 2천 원대의 주가가 무너지자 반등 시도가 나옵니다. 차트를 보면 주가가 20일선 위에 올라섭니다. 바닥이라고 생각하고 들어왔겠지만 지지받지 못하고 다시 하락하기 시작합니다. 이후 20일선 돌파 시도가 다시 나오지만 성공하지 못하고 더 밑으로 떨어집니다.

주가가 20일선 돌파 시도를 하거나 혹은 돌파했더라도 우리가 미리 바닥을 예측해서는 안 됩니다. 그것은 고수의 영역입니다. 이제 막 주식투자를 시작했거나 얼마 안 된 투자자들이 판단할 수 있는 영역이 아니라는 뜻입니다. 한 번 하락하는 종목은 쉽게 반등하지 못한다는 기본이 있을 뿐입니다. 반등에는 큰 힘이 있어야 하는데 초보가 알아채기 어렵고, 사실 전문가도 쉽지 않은 구간입니다. 그러니 주가를 돌리려는 반등 시도가 나왔다 하더라도 확실한 매수 영역이 아니라면 매매에 참여하지 마세요. 그래야 살아남을 수 있습니다.

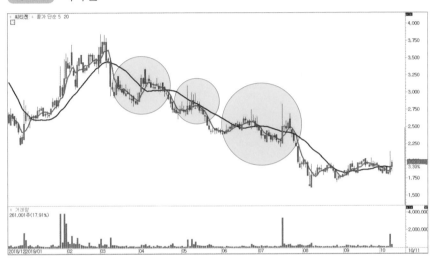

차트26 씨티젠

7개월 동안 하락추세를 이어간 종목입니다. 주가는 한 번 방향을 정하면 쉽게 방향을 바꾸지 않습니다. 그래서 매수종목을 선정할 때 하락추세의 종목을 버리고, 상승추세 종목을 찾으라고 하는 겁니다.

차트 26은 4천 원에 가까운 주가가 7개월 만에 반토막이 났습니다. 한 번 하락추세에 접어든 종목은 쉽게 추세를 돌리지 않는다는 것을 확인할 수 있습니다. 그래서 실력 있는 고수들은 늘 상승추세의 종목만 찾아 매매합니다. 처음 배울 때부터 상승추세 종목만 찾아 매매하는 연습을 해보세요. 하락추세인 종목을 매매하는 투자자는 쪽박이지만 여러분은 승리자가 되어 있을 것입니다.

이 종목은 하락추세가 오래 이어졌기 때문에 주가가 하락하면서 반등 시도가 나옵니다. 그런데 어때요? 전부 실패했습니다. 바닥이라고 예측하고 미리 선취매에 들어간 투자자의 기대를 전부 배신한 종목입니다. 성공한 투자자가 한 명도 없는, 모두가 실패한 종목인 것이죠. 20일선도 돌파하고 안착도 했었지만 하락추세를 돌리지는 못했습니다. 하락추세 종목을 미리 선취매하는 것이 얼마나 어리석은 일인지 보여주는 경우입니다.

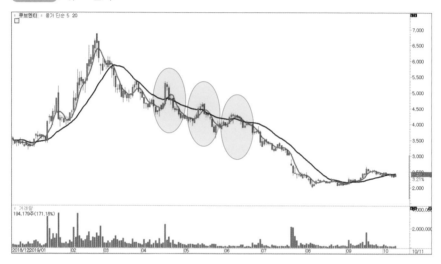

 보기에 어떤가요? 매수하면 안 되는 종목이고,
보유는 더욱 안 되는 종목입니다. 이런 종목만 매매하면서
'나는 왜 안 될까?'를 고민하는 투자자들이 있습니다.
처음 배울 때부터 제대로 배워야 이런 종목을 건드리지 않을 수 있습니다.

차트 27은 하락하는 주가를 돌리려는 시도가 일어나고 있습니다. 중간중간 대량거래도 터지면서 20일선도 돌파합니다. 20일선을 돌파한 후에는 그 추세를 이어가야 하는데 계속 밀려 내려옵니다. 하락추세는 그대로 이어집니다. 하락추세를 멈추고 주가를 반등시키려는 시도가 여러 번 계속되지만 추세는 아무런 영향 없이 그대로 흘러가고 있는 모습입니다. 대량거래로 주가를 끌어올리려는 시도를 한 번 한 후에는 20일선의 강력한 저항을 한 번도 건드리지 못했습니다. 하락추세의 저항이 이렇게 강합니다.

차트28 STX

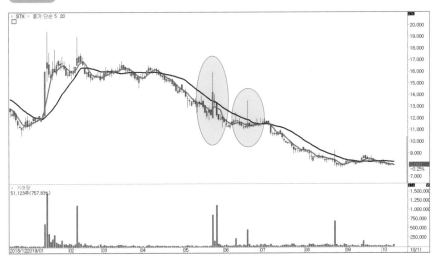

강한 장대양봉으로 추세를 돌리려는 시도가 나오고 있습니다. 그런데 고점에서 버티지 못하고 전부 위에 꼬리가 달려있습니다. 아직 주가 반등 시 대기 매도세가 엄청나다는 것이죠. 이런 종목은 관망이 상책이며, 보유하고 있다면 고점에서 팔고 나오는 것이 최선의 선택입니다.

차트 28은 횡보하던 종목이 하락합니다. 주가가 5일선 밑에서 움직이거나 붙어서 하락하고 있습니다. 20일선과의 간격도 큽니다. 그런데 20일선을 단숨에 돌파하는 강한 장대양봉이 나옵니다. 지금은 상한가 폭이 30%이기 때문에 이런 차트 모습이 연출됩니다.

그런데 대량거래와 함께 주가를 끌어올렸으면 버텨야죠. 그래야 물렸던 투자자의 물량을 소화한 후 추가로 주가를 올릴 수 있는 발판이 마련됩니다. 그런데 고점에서 밀려요. 위에 꼬리가 달립니다. 주가를 끌어올렸는데 고점에서 매도

물량이 쏟아지니까 받지 못하고 하락하는 겁니다. 물론 상승 마감이지만 다음 날을 보세요. 후유증으로 주가가 버티지 못하고 다시 하락추세를 이어갑니다. 하루 반등으로 끝나 버린 겁니다. 이후 비슷한 반등 시도가 다시 나오지만 역부족입니다. 완만한 반등이나 강한 상승, 또는 추세를 돌리려는 시도는 일단 지켜보는 겁니다. 먼저 달라붙어서는 절대 안 됩니다.

주식투자는 돈을 벌려고 시작한 것이지 돈을 잃으려고 시작한 것은 아니니까요. 확실한 종목만 선택하는 현명한 투자자가 돼야 합니다.

"

이 책을 통해 주식투자를 배우고, 투자 정석으로 삼겠다고 생각했다면
남들이 뭐라고 해도 이 책을 기준으로 판단하기 바랍니다.
이 책으로 기초를 닦고 현장에서 어떻게 적용할 것인지를 연구하여
내 것으로 완전히 소화할 정도로 푹 빠져보세요.
실전에서 어떤 차트를 만나든 이 책의 분석방법대로 분석하면 됩니다.
투자자의 눈을 가리는 복잡하고 현란한 방법이 아니라.
흔들림 없이 자신만의 기준을 잡을 수 있는
가장 탄탄한 투자방법을 안내합니다.

"

6장

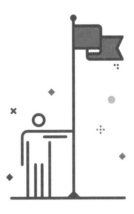

반드시
이기는 매매는
따로 있다!

1.
메이저 매매

◆ 1 ◆
외국인 매수 종목을
공략하라

▲▲▲▲▲▲▲▲

주식시장의 3대 매수주체는 외국인, 기관, 개인입니다. 가장 큰 매수주체는 누구일까요? 외국인이나 기관이라고 생각하기 쉽지만 가장 큰 매수주체는 바로 개인입니다. 반전이죠? 개인이라고 하면 매번 손해 보며 증시에 휘둘리는 존재로 생각하기 십상이니까요. 거대한 매수주체임에도 불구하고 주식시장에서 가장 약자가 된 이유는 무엇일까요? 그것은 개인투자자들이 모래알처럼 흩어져 있기 때문입니다. 그래서 개인투자자보다 덩치는 작지만 똘똘 뭉쳐 있는 외국인이나 기관투자자를 이길 수 없는 것이죠.

어쩔 수 없이 외국인이나 기관투자자를 따라 할 수밖에 없습니다. 힘없는 개인투자자는 이 둘이 무엇을 매수하고 매도하나 잘 관찰만 해도 돈을 벌 수 있습니다. 그나마 주식시장에서 돈을 버는 것은 외국인과 기관이니까요. 예전에는 외국인의 파워가 막강했습니다. 외국인 매수만 따라 해도 돈을 벌 수 있었지요. 하지만 요즘은 기관투자자를 조금 더 쳐주는 분위기입니다. 하지만 여전히 막강한 세력입니다.

외국인 매수와 함께 주가 상승

 개인투자자는 강력한 매수주체인 외국인과 기관의 움직임을 알 수 있습니다. 이들을 분석하는 것이 세력주를 찾는 것보다 수익에 유리합니다.

차트 1은 주가의 방향성을 예측하기 힘든 종목이죠. 완만히 상승하다가 하락하고 다시 급락하고 다시 급상승합니다. 장기투자가 아니라면 보유하고 있기 힘든 종목입니다. 주가 변동도 크지 않고 방향성을 예측하기도 힘든 종목은 단기매매에 적합하지 않습니다. 그야말로 기업의 가치를 분석하여 대응해야죠. 그러나 이런 종목은 개인투자자 입장에서는 가치투자로 접근하기도 힘듭니다.

그런데 이런 종목에 확실하게 접근할 수 있는 기회가 있습니다. 바로 외국인이 매수할 때입니다. 외국인의 지분 증가를 보세요. 최근 들어 외국인의 매수세가 강화되자 주가가 상승하고 있습니다. 전에 볼 수 없는 상승이 나오고 있는데 이는 오로지 외국인의 힘에 의해서입니다. 확실한 매수주체가 있다는 것이죠. 개인투자자 입장에서 확실한 매수주체를 확인할 수 있는 방법은 메이저밖에 없습니다. 이들의 움직임을 잘 파악한다면 수익에 큰 도움이 될 것입니다.

차트2 화승인더

 상승추세의 종목에 외국인 매수까지 더해진다면
안정적인 흐름을 유지할 수 있습니다.

　차트 2는 하락추세의 종목이 상승으로 전환합니다. 이평선 매매로 접근하여 수익이 나면 이평선을 기준으로 매도점을 잡으면 됩니다. 주가가 연일 상승하고 있는데 최근 들어 외국인 매수세까지 등장합니다. 원래 상승하던 종목에 외국인 매수세가 더해지니 더욱 안정적으로 주가가 상승할 수 있겠죠. 내가 매수한 종목에 외국인까지 가세하면 더욱 확신을 가지고 보유할 수 있을 것입니다.

차트3 켐트로닉스

　차트 3은 완만히 하락하던 종목입니다. 이후 기업의 변화가 일어나면서 주가가 상승으로 전환합니다. 이제 이평선 매매를 하면 되죠. 그런데 여기에 외국인이 합세합니다. 이런 종목을 실전에서 발굴한다면 매수를 주저할 필요가 없습니다. 주가가 100% 정도 상승하는데 외국인의 공이 큽니다. 개인투자자는 외국인 매수를 보고 매매할 수도 있고, 상승전환한 종목을 매수했는데 외국인이 가담할 수도 있습니다. 어느 쪽이든 든든한 매수주체를 확인한 것이니 차트가 무너지지 않는 이상 보유하는 전략을 구사하는 것이 좋습니다.

차트4 토비스

차트 4는 별 볼 일 없던 종목이 상승으로 전환합니다. 20일선 돌파 이후 주가가 이평선 위에서 안정적으로 상승하고 있습니다. 이 종목은 10일선을 지지선으로 삼고 상승 중입니다. 앞에서 10일선은 예로 들지 않았지만 충분히 응용 가능하죠?

주가가 상승하고 있는 가운데 최근 들어 외국인 매수세가 본격적으로 등장합니다. 이 종목의 주식을 보유하고 있는 투자자라면 흔들림 없이 들고 있으면 되고, 주식이 없다면 저점에서 상승한 상황이기는 하지만 신규 진입이 가능합니다. 외국인 매수를 믿고 매수하는 것이죠. 기존의 보유자와 마찬가지로 이평선을 매도점으로 잡고 대응하면 됩니다. 맞으면 수익을 얻을 수 있고, 실패하더라도 확실한 손절가격을 가지고 있으니 원칙대로 대응합니다.

2

기관 매수 종목을
공략하라

▲▲▲▲▲▲▲▲

    예전에는 외국인 따라 하기가 유행일 정도로 외국인 매수에 촉각을 곤두세웠습니다. 하지만 요즘은 외국인보다 기관매매를 따라 하는 경향이 강합니다. 일단 외국인 매수는 속임수가 많고, 개인투자자들이 좋아하는 단기매매에는 기관매매가 적합하기 때문입니다. 기관매매만 잘 따라 해도 돈을 잃는 일은 없을 정도로 중요해졌습니다.

차트5 젬백스

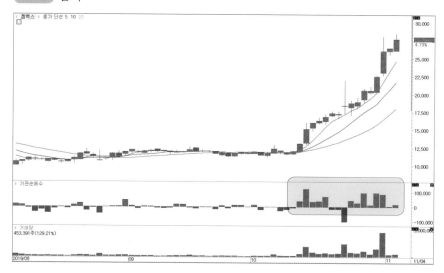

주가가 5일선을 타고 상승하고 있습니다. 왜 상승하는지 알아봤더니 기관이 매수하고 있네요. 이 종목의 매수주체이자 세력이 기관이라는 것을 확인할 수 있습니다.

 차트 5는 주가 변동이 거의 없던 종목입니다. 그런데 갑자기 주가가 상승합니다. 만약 작전세력이 개입했다면 개인투자자는 주가가 왜 상승하는지 이유를 모를 것입니다. 세력이 어디서 얼마나 매수하고 있는지 알 수 없으니까요. 그런데 메이저가 주가를 끌어올린다면 얘기는 달라집니다.

 이 종목을 보세요. 기관투자자가 매수하자 주가가 5일선을 타고 상승하고 있습니다. 주가를 끌어올리는 세력이 기관이라는 것을 확인할 수 있습니다. 더 좋은 것은 이들이 하루에 얼마의 주식을 매수하는지 1주 단위까지 알 수 있다는 것입니다. 이보다 더 확실한 세력 포착은 없습니다. 작전세력은 어디 있는지 알 수 없지만, 기관투자자라면 우리가 확실히 잡아낼 수 있습니다. 세력을 확실히 알 수 있는데 놓칠 수는 없는 것이죠.

젬백스 기관 매수

일자	종가	대비	등락률	거래량	개인	기관	외국인	프로그램	외인보유수	외인소진율
2019/11/08	25,900 ▼	1,000	-3.72	649,632	6,496	-10,765	15,753	15,913	2,154,928	5.93
2019/11/07	26,900 ▲	700	2.67	609,103	-30,842	-54,312	79,954	85,859	2,166,472	5.96
2019/11/06	26,200 ▼	3,350	-11.34	1,141,000	2,479	-9,400	13,980	16,238	2,087,982	5.74
2019/11/05	29,550 ▲	1,850	6.68	555,083	38,031	-20,036	-7,834	-11,564	2,119,166	5.86
2019/11/04	27,700 ▲	1,250	4.73	453,391	3,428	14,158	-15,213	-15,617	2,102,662	5.81
2019/11/01	26,450 ▲	400	1.54	350,882	-2,105	1,783	670	4,195	2,131,634	5.89
2019/10/31	26,050 ▲	3,550	15.78	4,480,791	-92,530	83,856	22,282	23,213	2,147,463	5.93
2019/10/30	22,500 ▲	2,000	9.76	1,376,968	-227,094	94,621	137,233	115,625	2,073,320	5.78
2019/10/29	20,500 ▼	50	-0.24	456,737	-4,452	11,252	-16,605	-13,273	1,991,433	5.55
2019/10/28	20,550 ▲	1,650	8.73	974,982	-180,216	95,112	84,246	80,347	2,008,238	5.60
2019/10/25	18,900 ▲	100	0.53	643,197	-28,380	26,254	-4,185	-8,133	1,937,606	5.40
2019/10/24	18,800 ▲	400	2.17	727,693	-93,144	40,488	50,111	48,414	1,973,748	5.51
2019/10/23	18,400 ▲	1,150	6.67	2,327,927	291,972	-101,539	-184,033	-120,832	1,897,291	5.29
2019/10/22	17,250 ▼	50	-0.29	561,278	33,625	-16,312	20,024	16,664	2,078,817	5.80
2019/10/21	17,300 ▲	450	2.67	465,348	57,360	-15,746	-12,949	-31,408	2,065,833	5.76
2019/10/18	16,850 ▲	800	4.98	630,359	-80,420	66,296	10,601	6,807	2,097,482	5.85
2019/10/17	16,050 ▲	50	0.31	493,986	-38,256	35,235	11,196	-3,554	2,049,480	5.72
2019/10/16	16,000 ▲	900	5.96	731,989	-91,667	34,577	49,027	49,768	2,054,284	5.73
2019/10/15	15,100 ▲	2,050	15.71	1,768,804	-57,784	121,766	-14,324	-14,913	2,042,592	5.70
2019/10/14	13,050 ▲	1,050	8.75	417,739	-38,270	37,281	2,711	2,001	2,038,648	5.69

기관 매수가 시작되자 주가가 상승하고 있습니다. 13,000원이던 주가가 3만 원 부근까지 상승합니다. 기관 매수를 보세요. 1주까지 매수한 것을 확인할 수 있습니다. 이보다 더 좋은 세력 포착이 어디 있을까요.

차트6 한국전력

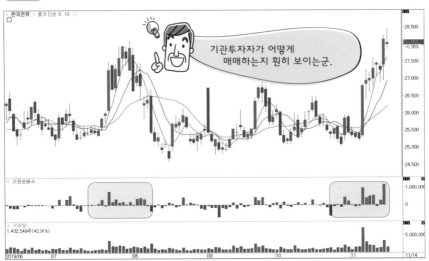

260

차트 6은 평상시에는 주가의 움직임이 크지 않습니다. 거의 변동이 없기도 하고요. 그런데 주가가 치고 올라가는 시기가 있죠? 주가가 올라가는 데는 반드시 이유가 있습니다. 정보력이 부족한 개인투자자가 모를 뿐이지요. 그런데 이 종목은 어떤가요? 기관투자자가 매수하면서 주가가 상승합니다. 주가가 오르는 이유를 알 수 있는 종목입니다. 더구나 한 사람 건너서 들은 정보가 아니라 내가 명확히 알 수 있는 상승 이유인 것이죠. 주가가 상승하는 이유를 알 수 있다면 확실한 매매기준을 세울 수 있습니다.

한국전력 기관 매수

일자	종가	대비	등락률	거래량	개인	기관	외국인	프로그램	외인보유수	외인소진율
2019/11/18	27,850 ▼	200	-0.71	1,282,357	-64,476	36,089	29,680	-29,931	165,193,638	64.33
2019/11/15	28,050 ▼	100	-0.36	1,432,549	-225,978	519,509	-291,389	-265,479	165,163,958	64.32
2019/11/14	28,150 ▲	900	3.30	3,338,145	-1,187,132	1,167,524	-22,855	79,332	165,455,347	64.43
2019/11/13	27,250 ▼	150	-0.55	1,279,663	-189,789	254,422	-71,991	-87,952	165,477,109	64.44
2019/11/12	27,400 ▲	100	0.37	1,063,225	-50,017	-76,167	136,647	62,714	165,548,007	64.47
2019/11/11	27,300 ▲	300	1.11	1,966,746	-489,952	524,331	-21,335	-80,033	165,409,722	64.42
2019/11/08	27,000 ▲	50	0.19	2,051,657	-396,455	485,351	-90,668	143,272	165,473,728	64.44
2019/11/07	26,950 ▲	150	0.56	3,014,943	-280,297	399,013	-125,363	318,403	165,557,302	64.47
2019/11/06	26,800 ▲	1,550	6.14	7,144,202	-2,107,351	984,994	1,124,883	1,750,537	165,679,392	64.52
2019/11/05	25,250 ▼	50	-0.20	1,513,299	541,783	-54,417	-485,603	138,419	164,552,874	64.08
2019/11/04	25,300 ▼	50	-0.20	1,439,718	448,149	-82,221	-375,494	126,125	165,033,563	64.27

움직이지 않던 주가가 기관 매수가 시작되자 상승하기 시작합니다. 기관 매수만 확인했다면 이 종목의 주가 상승을 놓치지 않았겠죠. 기관 매수 종목을 꾸준히 관찰한다면 큰 수익과 연결할 수 있는 힌트를 얻을 수 있을 것입니다.

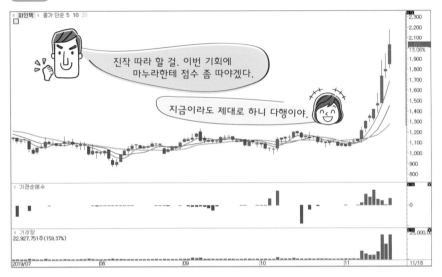

차트 7은 주가가 4개월 정도 횡보하고 있습니다. 주가를 올릴 재료도 없고 세력도 없는 종목입니다. 그러다 갑자기 주가가 상승합니다. 이런 상승은 재료가 있는 경우가 많습니다. 하지만 개인투자자가 먼저 재료를 알 수는 없고, 안다고 해도 강한 매수세가 들어오지 않으면 주가는 오르지 않습니다. 이 종목은 기관이 매수하면서 주가가 상승합니다. 내가 주가를 끌어올릴 재료를 알고 있는 상태에서 기관 매수세가 등장하면 재료의 확실성을 믿고 매매에 동참해야 합니다. 재료도 있는데 확실한 매수세가 등장하는 것처럼 좋은 호재는 없으니까요.

기관의 매수물량이 많지 않음에도 불구하고 매일 매수하자 주가가 상승합니다. 사실 주가가 1천 원대인 종목에 기관이 이렇게 적은 물량을 매수한다는 게 의심스럽긴 합니다. 기관투자자 중 사모펀드로 대부분의 물량이 들어왔기 때문에 기관 매수에 대한 신뢰가 약하긴 하지만 내부 사정은 개인투자자가 알 수 없는 영역입니다. 중요한 것은 기관 매수세로 인해 주가가 상승한다는 것이죠.

파인텍 기관 매수

일자	종가	대비	등락률	거래량	개인	기관	외국인	프로그램	외인보유수	외인소진율
2019/11/18	2,035	▲ 235	13.06	22,927,751	501,870	34,347	-553,680	-547,836	893,455	2.08
2019/11/15	1,800	▲ 65	3.75	14,386,707	178,044	3,000	-83,526	-105,986	1,463,080	3.41
2019/11/14	1,735	▲ 260	17.63	22,954,017	-396,149	22,753	275,728	278,664	1,561,606	3.64
2019/11/13	1,475	▲ 55	3.87	7,001,146	-118,093	28,388	42,721	41,732	1,308,258	3.05
2019/11/12	1,420	▲ 65	4.80	3,936,262	42,797	73,745	-19,889	-49,707	1,291,315	3.01
2019/11/11	1,355	▲ 50	3.83	3,519,007	200,546	39,418	-156,996	-144,444	1,320,179	3.08
2019/11/08	1,305	▲ 85	6.97	4,987,101	-221,788	54,920	283,260	186,900	1,488,175	3.47
2019/11/07	1,220	▲ 100	8.93	7,594,451	433,355	11,955	-395,060	-356,963	1,204,915	2.81
2019/11/06	1,120	0	0.00	243,061	-70	1,045	-1,273	-1,273	1,600,116	3.73
2019/11/05	1,120	▲ 15	1.36	455,127	21,978		-16,827	-14,101	1,601,389	3.73
2019/11/04	1,105	▲ 35	3.27	364,065	-68,843		88,176	87,211	1,618,216	3.77

　　기관 매수세의 등장으로 매수에 가담했다면 이들이 매도하거나 본인이 정한 이평선 이탈 시 매도하면 그만입니다. 손절매만 잘하면 어떤 종목이든 접근할 수 있습니다.

차트8　두산퓨얼셀

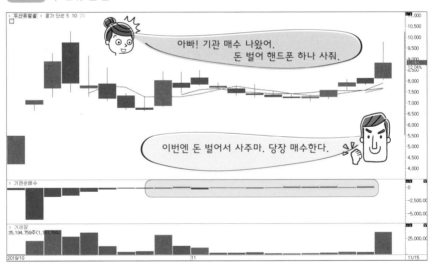

두산퓨얼셀 수익

종목명	구분	보유수량	매도가능	평균단가	현재가	매입금액	평가금액	평가손익	수익률	대
두산퓨얼셀		5,000	5,000	0.100	0.100	40,000,000	46,050,000	6,300,000	13.03	

기관투자자의 매수를 보고 매매했더니 13% 정도의 수익을 올렸습니다. 작가가 말로만 떠드는 줄 알았는데 진짜 수익이 발생했네요? 초보자도 할 수 있습니다. 기관 매수만 잘 확인하고 있다가 좋은 매수타이밍이 나오면 매매하면 됩니다. 처음부터 수익이 날 수도 있고 아닐 수도 있습니다. 그러니 연습해야죠. 모의투자를 켜놓고 계속 매매를 해보는 겁니다. 실제로 주식투자를 하다 돈을 잃으면 수업료를 냈다고 말하는데, 그러지 말고 가상훈련을 통해 연습하세요. 소중한 돈도 잃지 않고 실력도 쌓을 수 있습니다. 중요한 것은 지금까지 배운 것을 눈으로만 익혀서는 안 된다는 것입니다. 주식투자도 자꾸 매매를 해봐야 실력이 늡니다. 매매방법이 초보적인 수준이라 돈을 못 버는 것이 아닙니다. 어떻게 활용하느냐에 따라 결과는 달라집니다.

두산퓨얼셀 기관 매수

일자	종가	대비	등락률	거래량	개인	기관	외국인	프로그램	외인보유수	외인소진률
2019/11/18	9,100 ▲	260	2.94	10,168,101	-240,878	16,709	2,997	1,471	2,207,109	3.99
2019/11/15	8,840 ▲	950	12.04	35,194,759	-38,635	250,769	-36,064	-51,022	2,207,109	3.99
2019/11/14	7,890 ▼	40	-0.50	3,013,793	-268,951	157,412	101,946	99,815	2,239,701	4.05
2019/11/13	7,930 ▲	340	4.48	3,471,460	-29,877	33,715	-9,139	-5,310	2,099,266	3.80
2019/11/12	7,590 ▲	290	3.97	1,688,553	-278,829	165,598	24,068	23,385	2,051,551	3.71
2019/11/11	7,300 ▲	60	0.83	1,083,346	-138,906	86,138	6,234	-11,884	1,891,083	3.42
2019/11/08	7,240 ▼	40	-0.55	988,867	-179,266	169,832	-4,558	-8,223	1,874,849	3.39
2019/11/07	7,280 ▼	100	-1.36	1,325,422	-866	5,239	-9,065	-3,420	1,879,407	3.40
2019/11/06	7,380 ▼	100	-1.34	2,885,140	110,699	-58,464	-58,994	-58,911	1,870,777	3.39
2019/11/05	7,480 ▼	300	-3.86	2,385,962	-33,137	-13,657	51,148	46,645	1,974,488	3.57
2019/11/04	7,780 ▼	80	-1.02	2,320,413	-45,036	23,179	23,140	22,325	1,873,340	3.39
2019/11/01	7,860 ▲	140	1.81	10,639,517	230,719	-231,795	-16,445	-14,827	1,661,196	3.01
2019/10/31	7,720 ▼	320	-3.98	13,582,989	-96,182	190,190	-77,361	-78,471	1,645,641	2.98
2019/10/30	8,040 ▲	1,320	19.64	30,865,340	222,342	-74,219	-125,763	-115,995	1,702,702	3.08 ▼

기관 매도가 멈추고 매수세가 등장하자 주가가 서서히 오르기 시작합니다. 결국 7천 원대의 주가가 9천 원대로 올라섭니다. 처음 시작하는 투자자라면 어려운 매매보다 메이저 매수를 집중적으로 연구하는 것이 현명한 선택일 것입니다.

·3·

외국인과 기관이 모두 달려드는
쌍끌이 종목을 공략하라

▲▲▲▲▲▲▲▲

　외국인 매수 종목이 좋다는 것을 배웠고, 기관 매수 종목이 좋다는 것도 배웠습니다. 그런데 이 둘이 같이 매수하면 더 좋겠죠? 외국인과 기관이 동시에 매수하는 종목을 '쌍끌이 매수'라고 합니다. 양대 매수주체가 동시에 매수한다는 것은 어떤 의미일까요? 한마디로 그만큼 좋은 종목이라는 것이죠. 개인투자자가 기업을 분석하는 게 쉬운 일이 아닙니다. 설사 분석을 잘 한다고 해도 누군가 매수하지 않으면 주가는 절대로 움직이지 않습니다. 외국인과 기관이 동시에 매수한다는 것은 해당 종목이 그만큼 좋다는 것을 의미합니다. 우리는 그냥 이들의 분석을 믿고 따라서 매수하기만 하면 됩니다.

차트9 SFA반도체

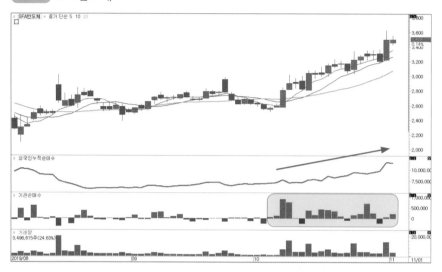

주가가 상승하는데 외국인과 기관이 동시에 매수하고 있습니다.
쌍끌이 매수세가 들어오는 종목이니 믿고 매매에 참여할 수 있습니다.

차트 9는 최근 들어 주가가 상승하고 있습니다. 상승추세를 살펴보겠습니다. 일단 외국인이 매수에 가담하고 있습니다. 외국인이 매수하고 있는데, 기관까지 매수에 가담한다? 외국인 전문가 집단과 기관 전문가 집단이 이 기업을 분석했는데 매수로 결정이 난 것입니다. 개인 혼자 아무리 기업분석을 잘 하고 기업탐방을 다닌다 한들 이들을 뛰어넘을 수는 없습니다. 뛰어넘을 수 없으면 이들 뒤에 붙어 따라가면 됩니다. 뒤만 잘 밟아도 수익이 가능하니까요.

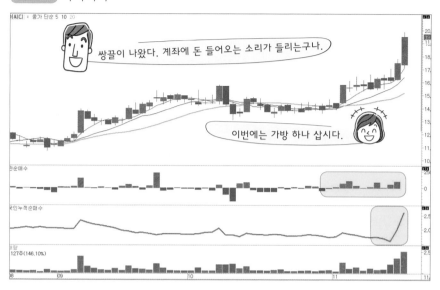

차트 10은 주가가 12,000원대에서 14,000원대로 올라선 이후 횡보합니다. 주가를 추가로 끌어올릴 매수세가 없는 것이죠. 그런데 기관 매수세가 본격적으로 시작되면서 주가가 업그레이드되고 있습니다. 14,000원대에서 움직이지 못하던 주가가 단숨에 2만 원 부근까지 올라갑니다. 기관이 매수하니 주가가 상승한 결과입니다. 최근에는 외국인까지 매수에 가담하고 있습니다. 기관 혼자 매수할 때는 천천히 올라가던 주가에 갑자기 장대양봉이 나오네요. 쌍끌이 매수의 효과입니다. 이처럼 양대 매수주체가 가담하면 강력한 상승이 나올 가능성이 높습니다. 우리가 할 일은 이런 종목을 실전에서 발굴하여 수익을 올리는 것입니다.

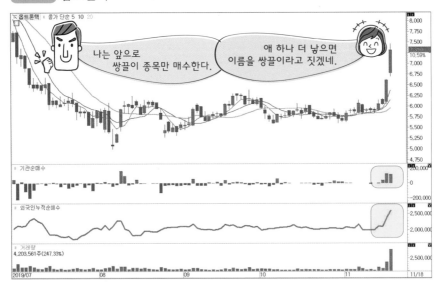

차트11 옵트론텍

차트 11은 주가가 하락추세에 있다가 횡보합니다. 3개월 이상 주가가 횡보하는데 개인이 접근할 수 있는 구간이 아닙니다. 변화가 거의 없으니 개인투자자가 매매할 곳이 없지요.

그런데 최근 부분을 보세요. 갑자기 장대양봉이 나오면서 주가가 상승하고 있습니다. 기관 매수세가 들어오면서 급상승한 결과입니다. 기관에다 외국인까지 들어오고 있죠? 메이저가 보기에 확실한 호재가 나왔다는 뜻입니다. 쌍끌이 매수가 들어오면서 오랜 기간 횡보하던 주가가 상승으로 전환하고 있습니다. 평소에 메이저 매수를 관찰하고 있었다면 이 종목을 놓치지 않았을 겁니다. 물론 모든 종목을 매수할 수는 없습니다. 오랫동안 관찰하다 그중 하나가 걸리면 수익이 크게 발생하는 것이죠. 내 계좌를 업그레이드할 한 종목을 위해 꾸준히 노력해야 합니다.

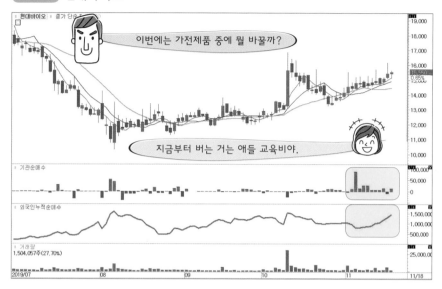

차트 12는 주가 하락 이후 횡보합니다. 차트 중간에 장대양봉이 나오면서 주가가 상승전환하나 싶더니 하루 상승으로 끝나고 다시 주가가 제자리로 돌아갑니다. 그런데 최근에 기관과 외국인 매수세가 등장하면서 주가가 완만하게 상승하고 있습니다. 이런 식으로 꾸준히 상승한다면 앞의 전고점을 돌파할 가능성이 높습니다. 물론 상승하지 못할 수도 있습니다. 그러니 쌍끌이 초기에 매수를 단행하여 수익을 올리고 돌파시도가 나오면 수익을 크게 올리면 됩니다. 만약 하락한다면 본전에서 매도하면 됩니다. 쌍끌이가 시작되면 주가가 어느 정도 올라주는 경우가 많기 때문에 이를 잘 활용하면 좋은 결과를 얻을 수 있습니다.

2.
세력주
눌림목 매매

• 1 •
세력주 눌림목의
원리

▲▲▲▲▲▲▲▲

　개인투자자들이 가장 관심 있는 것이 급등주, 폭등주 같은 세력주일 것입니다. 결론부터 말하면 세력주는 개인투자자에게는 그림의 떡일 뿐입니다. 하지만 딱 하나, 세력주가 눌림목일 때 매수하는 방법이 있습니다. 그럼, 조정이 나온 세력주는 어떻게 잡는 걸까요? 지금부터 앞에서 배운 것을 응용하여 세력주 잡는 법을 배워보겠습니다. 세력주를 매수하려면 우선 세력이 개입한 종목을 찾아야겠죠? 차트에서 장대양봉이 나온 종목을 찾아보세요. 앞에서 기본이라고 알려주긴 했지만 고수들이 종목을 찾을 때도 제일 먼저 사용하는 방법입니다.

힘없이 움직이던 종목에 갑자기 상한가가 나왔습니다. 하루에 30%를 올라갈 정도라면 강한 호재와 매수세가 등장한 것이죠. 하루 만에 30%가 상승하고 최고 호가에 물량이 쌓여 있습니다. 개인들이 절대로 만들 수 없는 것이 바로 상한가입니다.

차트 1은 상한가가 나왔습니다. 오늘 30%나 올랐네요. 오늘 나온 상한가를 잡았으면 좋겠지만 오늘의 상한가는 초단기매매를 하는 전문가들의 영역입니다. 원래 이런 상한가는 버리는 겁니다. 중요한 것은 이 상한가에 세력이 개입됐다는 확신입니다. 하루에 주가가 30%나 오르고 당일 최고 호가에 물량을 쌓아둘 수 있는 매수세를 확인하는 것으로 세력의 존재를 확인할 수 있습니다.

여기서부터가 중요합니다. 오늘 30%로 주가를 올린 세력은 돈을 벌었을까요? 못 벌었을까요? 못 벌었습니다! 이들이 바닥에서 매수하고 주가를 끌어올린 것이 아니라 주가를 끌어올리기 위해 매수했으니 수익이 없는 것이죠. 수익이 발생했다고 해도 아직 수익이 아닙니다. 매도해야 수익을 확정하는데 이들은 개인투자자처럼 몇천만 원 매수하는 게 아니라 수억, 수십억 단위의 돈이 들어가니까요. 내일 그냥 매도하면 어떻게 될까요? 아마 세력보다 오늘 따라 들어온 데이트레이더들이 먼저 매도에 나설 겁니다. 세력의 어마어마한 물량을 받아주는 개인투자자가 없으면 주가는 상한가보다 더 크게 빠지게 됩니다. 그러니 이들이 수익을 내기 위해서는 오늘보다 더 끌어올려야만 합니다.

만약 세력이 개입된 종목이거나 강력한 호재를 동반한 종목이라면 주가는 더 올라갈 것입니다. 따라서 강한 장대양봉 이후 추가 주가 상승을 노리는 것이 개인투자자 입장에서는 가장 좋은 시나리오입니다. 주가가 그냥 크게 오르면 개인투자자가 접근할 수 없습니다. 전문가 영역인 것이죠. 그러나 주가가 조정을 받는다면 개인투자자도 매매할 수 있습니다. 이런 경우 많은 종목이 상승보다 조정을 받으니까요. 상한가를 만드는 동안 세력의 자금도 들어갔지만 주가가 상승하는 것을 보고 따라 들어온 데이트레이더들의 물량도 많습니다. 주가를 그냥 끌어올리면 이들의 물량을 비싼 가격에 받아줘야 하기 때문에 주가가 올라가면 올라갈수록 세력 입장에서도 부담이 됩니다. 그래서 주가를 더 끌어올리기 전에 장대양봉 이후 조정을 주는 것이죠.

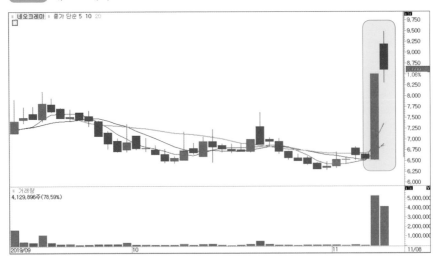

상한가 이후 갭상승으로 출발하여 주가가 올라가는가 싶더니 하락합니다. 그러나 어제의 상한가 자리는 깨지 않고 마감하고 있죠? 어제 들어온 세력이 아직 남아 있다는 것을 의미합니다.

차트 2를 보겠습니다. 아마 이런 차트 많이 봤을 겁니다. 상한가 다음 날 주가가 상승하지 않고 이렇게 음봉으로 만들어 놓으면 버티지 못하고 거의 매도하게 됩니다. 시가 갭상승 이후에 주가가 천천히 하락하는 걸 보고 있으면 매도 안 하고 못 버틴다니까요. 어제 올린 수익이 천천히 줄어드는 것을 보고 있자면 수익을 확정하고 싶은 마음이 굴뚝같아집니다. 그런 식으로 개인투자자가 못 견디고 매도하는 물량을 상한가를 만든 세력이 받습니다. 개인 물량을 받고 나면 주가는 다음 차트처럼 변합니다.

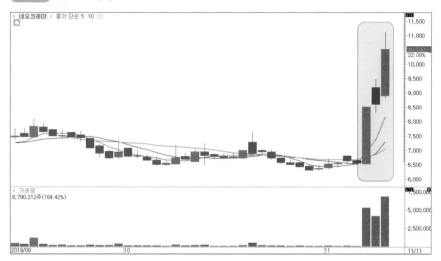

어제 매수했다면 오늘 20% 이상의 수익을 올릴 기회를 잡았을 겁니다. 여기서 중요한 것은 첫 번째 강한 양봉에 들어온 세력이 여전히 있느냐입니다. 개인투자자는 이를 알 수 없으니 장중 움직임을 통해 판단해야 합니다. 어렵지만 이를 통해 얻을 수 있는 수익은 달콤하니까요.

차트 3은 장중에 상한가 언저리까지 주가를 상승시킵니다. 상한가에 매수해서 어제 버렸다면 오늘 20% 이상 추가로 벌 수 있었겠지요. 오늘 장대양봉 수익을 벌 수 있었던 기회를 버티지 못하고 차버린 셈입니다. 그래서 '내가 사면 떨어지고 내가 팔면 올라간다'라는 말이 나오게 된 것입니다. 개인들의 심리를 역이용한 세력들의 속임수인 것이죠.

그러면 우리가 이 종목에서 돈을 벌려면 어떻게 해야 될까요? 상한가는 동작 빠른 몇몇의 영역이니 초보들이 접근하기 어렵습니다. 그러니 상한가는 버리고 개인들이 매도하는 날에 역으로 매수하는 겁니다. 그리고 세력이 본격적으로 주가를 상승시키는 날부터 수익을 올리는 것이죠. 소위 '양음양 패턴'이라고 하는데 이것이 기본입니다. 여기서부터 여러 가지 형태로 조정 패턴이 나옵니다.

주식투자를 하다 보면 생각보다 자주 매우 다양한 패턴을 접하게 될 것입니다. 이를 잘 활용하면 큰 수익을 올릴 수 있습니다. 실제로 이런 조정 패턴을 이용하여 큰 수익을 내는 투자자들이 적지 않습니다. 문제를 눈으로 보고 지나치느냐, 연구하여 내 것으로 만드느냐에 달렸습니다. 내 것으로 만들 수만 있다면 주식으로 돈을 버는 전문가처럼 여러분도 수익을 낼 수 있을 것입니다. 그러나 대부분은 실패합니다. 거의 모든 투자자들이 이런 패턴을 눈으로 한 번 보고 매매했다가 수익이 안 나니 포기합니다. 한 번 해봐서 돈을 벌 수 있다면 직장 다니는 사람이 아무도 없겠죠. 당연히 수익을 위해 노력해야 합니다.

◆ 2 ◆
세력주 눌림목의
실전 사례
▲▲▲▲▲▲▲

SDN

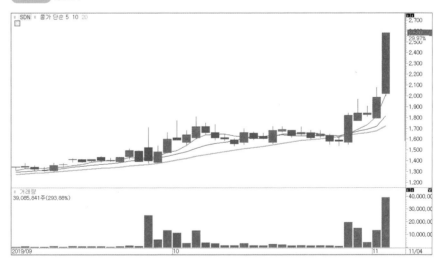

 오늘 상한가가 나오기 전부터 이미 심상치 않은 움직임을 보이고 있습니다.
주가가 완만히 상승하고 있었는데 최근 거래량이 증가하면서 연속적인 양봉
이 탄생합니다. 여기서부터 주목해야 합니다.

차트 4는 주가가 완만히 상승하다가 최근 들어 거래량이 증가합니다. 양봉이 탄생하고 주가가 오르더니 오늘 상한가가 나왔네요. 상한가가 나오기 전에 이미 조짐이 있는 종목이었습니다. 양봉이 연속으로 나오면서 주가가 움직일 때 매수한 투자자라면 오늘 상한가로 큰 수익을 얻었겠죠. 그러나 매수하지 못한 투자자라면 오늘 상한가를 쳐다만 봐야 했을 것입니다. 속은 쓰리겠지만 너무 아쉬워할 필요는 없습니다. 많은 투자자들이 이 종목이 상한가에 진입하는 것을 구경만 했을 테니까요. 본인만 속이 쓰린 것이 아닙니다. 중요한 것은 지금부터라고 했습니다. 상한가 다음 날의 주가가 어떻게 움직이는지가 중요합니다.

차트5 SDN

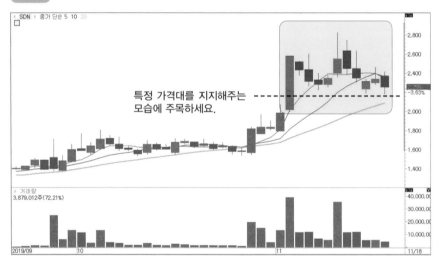

어제 상한가가 나온 종목이라 다음 날도 상승을 기대한 투자자가 많을 겁니다. 어제의 최고 호가에 물량이 쌓여 있는 이유는 다음 날의 상승을 예상하고 당일 최고가라도 사고 싶다는 물량이었던 것이죠. 그런데 어떤가요? 상승은커녕 오전 시가부터 하락 출발합니다. 말도 안 되는 일이죠. 아직까지는 '양음'입니다. 다음 날 주가가 상승해주면 '양음양'이 되는 것이죠. 그런데 주가가 상승하지 않고 다음 날도 하락합니다. '양음' 다음 날에는 보통 주가가 올라간다고 했는데 안 올라가요. 여기서 투자자들은 많이 헷갈립니다. 세력이 올려줘야 '양음양'이 되는데, 세력이 언제 올려줄지 모르니 어려울 수밖에요.

상한가 다음 날부터 주가가 하락하니 개인투자자들은 이 종목은 완전히 끝났다고 생각하고 포기합니다. 주가가 올라갈 것 같은데 추세 상승을 하지 못하고 계속 밀리니까요. 상한가 다음 날부터 10일 동안 주가가 움직이지 않으면 관심종목에서 다 지우게 되어 있습니다.

그런데 관심종목에서 지우기 전에 자세히 보세요. 주가가 오르진 않지만 하락하지도 않고 있습니다. 주가가 떨어지는 것 같은데 특정 가격대를 지지해주고 있어요. 상한가를 완전히 훼손하지 않은 상태에서 지지해주고 있다는 말이죠. 이것은 상한가에 들어온 세력이 주가를 관리하고 있다는 의미입니다. 세력은 없고 개인투자자만 남아 있다면 그냥 밀려버리지 주가가 지지되지 않습니다. 세력이 주가를 그냥 관리하지 않습니다. 다 이유가 있는 것이죠.

차트6 SDN

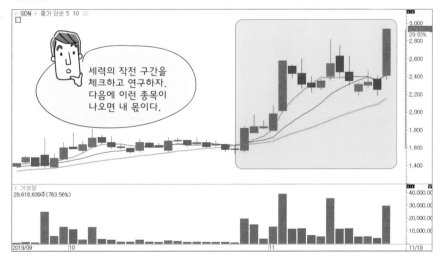

2. 세력주 눌림목 매매

차트 7은 상한가를 찍고 하락한 강한 장대양봉이 나왔습니다. 그런데 다음 날 주가가 갭하락으로 출발합니다. 이때 장대양봉에 따라 들어온 투자자는 어떤 판단을 할까요? 주가가 상승 출발할 것을 기대했는데 갭하락으로 출발하면 추가 하락을 염려하여 물량을 던집니다. 너무 많이 오른 상태이기 때문에 시가 이후 주가가 조금만 밀려 내려가도 수익을 확정하기 위해 매도합니다. 눈앞에서 주가가 하락하는 걸 계속 보고 있으면 버틸 수가 없어 거의 매도하게 되어 있습니다. 세력 입장에서는 느긋합니다. 호가에 물량을 받쳐 놓고 개인들이 투매하는 물량을 받기만 하면 되니까요. 물량이 다 소화되었다고 판단하면 계획에 따라 주가를 움직일 것입니다. 내일 올릴 수도 있고 며칠 후에 올릴 수도 있습니다.

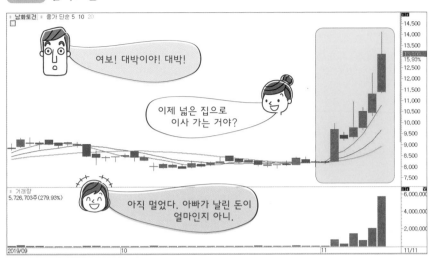

차트8 남화토건

차트 8을 보니 장대양봉 이후 하루만 쉬고 주가를 끌어올리네요. '양음양'이 됐습니다. 전에 볼 수 없었던 거래량이 터지면서 9천 원대의 주가가 14,000원을 돌파합니다. 조정 음봉에 물량을 던진 투자자는 얼마나 마음이 쓰리겠습니까? 하지만 음봉이 조정이라고 판단하고 매수한 투자자는 큰 수익을 올렸을 것입니다. 일반 개인투자자와 반대로 세력의 입장에서 판단하고 매수한 투자자는 수익이라는 결과를 얻게 됩니다.

어떻게 하는지 알겠죠? 여러분이 연습할 것은 조정이 나오는 패턴을 연구하고 매수타이밍을 잡는 것입니다. 이것을 꾸준히 연습하면 좋은 결과를 얻을 수 있을 것입니다.

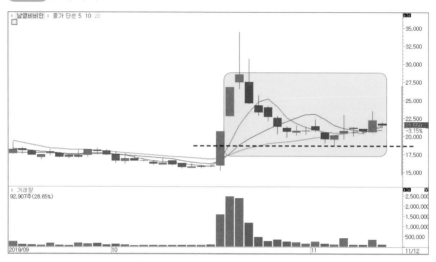

 주가 급등 이후 하락하지만 첫 번째 상한가의 몸통을 이탈하지 않고 지지해 주고 있습니다. 이럴 때는 지지 가격대를 최후 손절가로 생각하고 대응하면 됩니다.

차트 9는 굉장하죠? 주가가 천천히 하락하다가 갑자기 상한가가 나옵니다. 그리고 다음 날 조정을 받는 게 아니라 갭상승으로 출발하여 상한가에 안착합니다. 그다음 날도 상한가 언저리까지 올라갔다가 밀려 내려옵니다. 3일 동안 무려 100% 정도 상승합니다. 이런 종목을 잡았으면 엄청났겠죠. 은행이자 2%는 눈에 들어오지도 않을 겁니다. 주식은 이런 매력이 있습니다. 부동산도 3일 만에 이런 상승은 보여주지는 못하니까요. 이 종목을 보유하고 있던 투자자는 엄청난 수익을 올렸을 것이고 미보유자는 아쉬움에 입맛만 다셨을 것입니다.

단기간에 급등한 종목은 더 이상 상승하지 못하고 밀려 내려옵니다. 5일 연속 음봉으로 하락하면서 두 번째 상한가까지 무너지네요. 일시적인 호재나 단기세력에 의한 상승일 가능성이 높은 것이죠. 그런데 보세요. 주가가 더 이상 밀리지 않고 옆으로 횡보합니다. 세력이 완전 이탈하거나 누군가가 주가를 관리하지 않는 한 이런 상황에서는 주가가 계속 하락하는 게 자연스럽습니다. 그런데 이 종목은 하락 이후 첫 번째 상한가가 깨지지 않고 있습니다. 더구나 최근 1주일은 주가가 상승합니다. 수익을 크게 올린 투자자도 있겠지만, 전고점에 물린 투자자도 있을 텐데 주가가 천천히 물량을 소화하듯 올라가고 있습니다. 전고점까지는 아니더라도 뒤풀이 파동이 남아 있음을 암시하는 상황이네요. 관심종목에서 지워버리지 말고 계속 노려봐야 하는 것이죠.

차트10 남영비비안 – 상한가 공략법, 손절가격

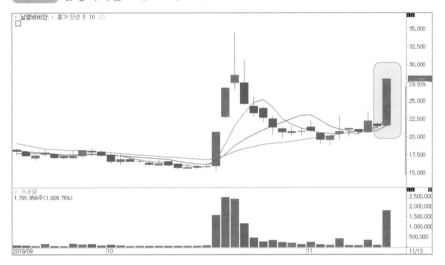

 매수할 때는 손절가격이 보이는 종목을 공략해야 합니다.

차트 10은 상한가가 나왔습니다. 최근의 주가 변화를 감지하고 관심을 가졌던 투자자라면 오늘 상한가를 공략했을 것입니다.

오늘 상한가를 공략하는 데는 2가지 방법이 있습니다. 첫 번째는 저점 지지 가격을 기준으로 손절가를 잡고 매수에 들어가는 겁니다. 초보자뿐만 아니라

선취매를 하는 투자자들이 모두 실패하는 이유가 손절가격을 지키지 않기 때문입니다. 본인이 정했으면 무조건 지켜야 합니다. 주가가 천천히 한 호가씩 밀리면 '조금만 더' 하면서 처음 정한 손절가격을 자꾸 뒤로 미루는데, 이런 식으로는 절대로 성공할 수 없습니다.

두 번째는 주가가 올라갈 때 따라 들어가는 겁니다. 이는 거래량이 터지는 것을 반드시 확인해야 하며, 매수하는 순간 얼마를 벌 것인가를 생각하는 것이 아니라 매도를 생각해야 합니다. 그만큼 판단력이 빨라야 합니다.

2가지 다 쉬운 일은 아닙니다. 남의 돈 먹기가 쉬운 것이 아니죠. 만약 쉬웠다면 대한민국 모든 사람이 직장을 그만두고 주식만 하고 있겠죠. 하지만 꾸준한 노력이 있다면 성공할 수 있습니다. 먼저 연습을 통해 나에게 맞는 매매법인지를 확인하고, 내 것으로 만드는 노력이 필요합니다. 짧은 시간에 수십만 원 수백만 원을 벌 수 있는데 아무 노력 없이 얻을 수는 없습니다. 연습 없이도 주가는 올라갑니다. 다만 내가 돈을 못 벌뿐이죠.

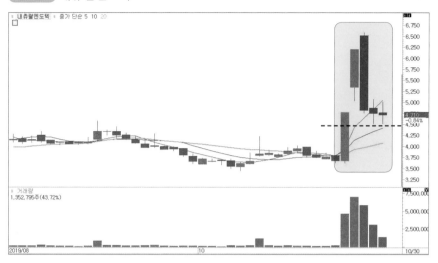

첫 번째 상한가를 깨지 않는 지지가 나왔습니다. 지지캔들을 보면 음봉이지만 밑에 꼬리가 달리면서 특정 가격을 지지해주고 있음을 확인할 수 있습니다.

차트 11은 큰 변동 없이 움직이던 종목에 갑자기 상한가가 나왔습니다. 다음날 갭상승으로 출발하여 다시 상한가가 나옵니다. 2일 만에 60%가 올랐습니다. 엄청난 상승이죠. 그런데 갭상승 출발하여 주가가 상승하는 것 같더니 매물이 쏟아지면서 22% 정도 하락합니다. 두 번째 상한가를 완전히 덮어버렸습니다. 단기호재로 들어온 물량이 쏟아진 거라고 봐야 합니다. 이렇게 급등했던 종목이 하락하며 그냥 끝나는 경우도 있지만 많은 경우 뒤풀이 파동을 주는 경우가 많습니다. 이 종목의 하락하는 캔들을 보세요. 첫 번째 상한가의 몸통은 훼손하지 않고, 특정 가격대를 지지하고 있습니다. 주가를 관리하는 세력이 아직 남아 있다는 뜻이라고 봐도 됩니다. 개인투자자들이 특정 가격대를 지지하기는 어렵고, 개인이 아닌 다른 누군가가 지지해줘야 가능한 일이니까요. 이를 보고 상승에 대비하는 겁니다

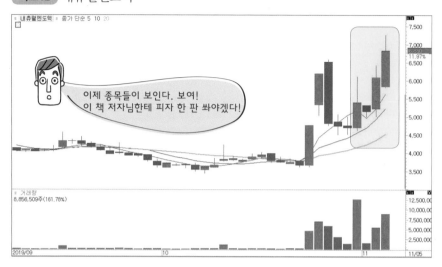

차트 12는 다음 날 14% 정도에서 상승 마감했지만 장중에 상한가까지 올라갑니다. 그리고 주가가 끝나지 않고 지속 상승하면서 전고점을 돌파하는 상승이 나옵니다. 이 종목을 버리지 않고 꾸준히 관찰한 투자자라면 이번 상승에서 얼마라도 수익을 올렸을 것입니다. 30% 상승하는 동안 5%, 10%의 수익을 올릴 수 있다면 성공한 매매입니다. 물론 30% 수익을 거두는 것이 최선이겠죠. 중요한 것은 상승하는 동안 얼마라도 수익을 올릴 수 있는 실력이 있느냐입니다. 내가 잡지 못할 뿐 상승하는 종목은 매일 나오니까요.

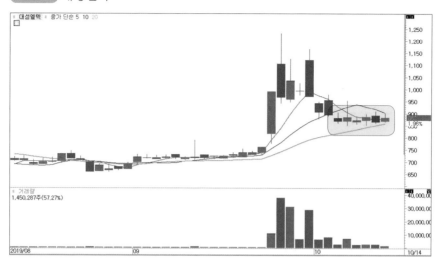

 박스 친 부분을 보세요. 연속적인 지지 캔들이 첫 상한가의 몸통을 완전히 훼손하지 않은 채 유지되면서, 캔들 밑에 20일선이 붙고 있습니다. 이럴 때는 20일선을 손절가로 충분히 노려볼 만합니다.

차트 13은 주가가 횡보하다가 갑자기 상한가가 나왔습니다. 다음 날 갭상승으로 출발하여 주가가 상한가로 올라가더니 버티지 못하고 밀려 내려옵니다. 시가를 깨고 내려와서 전일 상한가 밑으로 내려갑니다. 세력이 물량을 정리한 패턴으로 봐도 됩니다. 그러나 다음 날 주가를 다시 끌어올려요. 첫 번째 상한가 고점 부근에서 주가가 움직이는데 잘못 접근했다가는 손실이 날 수 있는 모습입니다.

고점에서 주가가 움직인 후 시세를 마무리하고 주가가 하락합니다. 최근 연속적으로 주가가 횡보하는데 묘하게도 상한가를 완전히 훼손하지 않습니다. 그리고 20일 이동평균선을 지지해줍니다. 마치 20일 이동평균선이 오기를 기다리듯이 주가가 움직이네요. 주가가 횡보하는데 완전히 무너지지 않고 이동평균선을 기다린다면 추가적인 반등을 노려볼 만합니다.

대성엘텍 - 손절가격이 보이는 종목을 사라

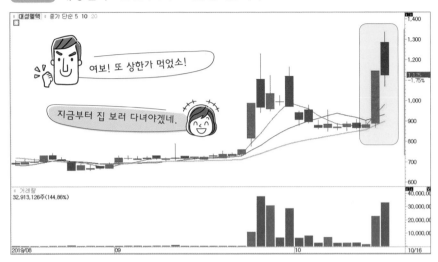

차트 14를 보면 상한가가 나옵니다. 주가가 연속적으로 횡보할 때 캔들을 보세요. 단봉이지만 양봉입니다. 이동평균선도 기다리고 있는 모습입니다. 충분히 반등을 예상할 수 있는 자리였습니다. 아니나 다를까 어제 상한가를 치고 오늘 또 16%대까지 올랐으니 매수타이밍을 잘 잡았다면 40% 이상의 수익이 가능했을 것입니다. 어제 종가에 매수했다고 해도 오늘 시가에 12% 상승 출발했으니 아침에 12%의 수익은 무조건 올릴 수 있었던 것이죠.

이런 종목을 선취매한다면 20일선을 기준으로 손절가격을 잡으면 됩니다. 항상 손절가격이 잘 보이는 종목을 매수해야 합니다. 차트적으로 반등 시도가 나올 자리고, 손절가격도 확실히 보이는 종목이라면 연습으로라도 매매해보세요. 경험이 쌓이면 2일 만에 40%의 수익을 계좌에 쌓는 일이 일어날 수도 있습니다.

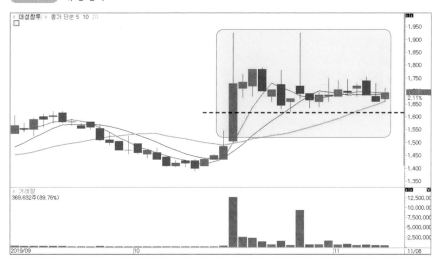

 굉장한 장대양봉 이후 특정 가격대를 지지해주고 있는 모습입니다. 언제 올라갈지는 모르는 상황인데, 최근 캔들을 보니 20일선이 밑에 붙습니다. 손절가격이 보이죠? 매매타이밍입니다.

차트 15는 주가가 하락하다가 서서히 반등합니다. 그러다 갑자기 장중 상한가를 찍고 밀려서 16% 정도에 상승 마감합니다. 이후 주가 흐름은 어떤가요? 장대양봉 몸통을 훼손하지 않고 옆으로 횡보합니다. 주식투자를 하다 보면 이런 종목을 자주 발견할 수 있을 겁니다.

주가가 밀리면 특정 가격대를 지지해줍니다. 개인투자자끼리 이런 차트를 만들 수 있을까요? 개인투자자의 영향으로 일정 기간 옆으로 횡보하는 것은 가능하지만 주가가 밀릴 때 특정 가격대를 지지해줄 수는 없습니다. 장대양봉을 만든 세력이 주가를 관리하고 있다는 뜻으로 보면 됩니다. 언제까지 주가가 횡보하나 보니 20일 이동평균선이 올라오다 오늘 지지가 됩니다. 20일선을 손절가격으로 잡을 수 있는 매수 급소가 나왔습니다. 매매 자리가 나온 것이죠. 이런 종목이라면 연습으로라도 매매해봐야 합니다. 경험과 판단력을 얻을 수 있습니다.

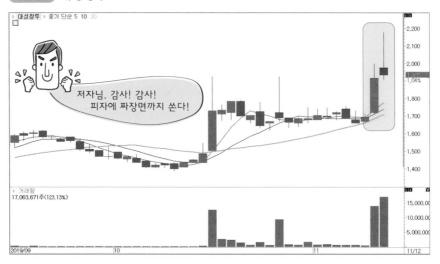

차트 16은 17%의 상승이 나왔습니다. 급소 자리에서 공략했는데 성공한 것이죠. 우리가 한 일은 차트를 발굴하고 급소 자리에서 매수한 것밖에 없습니다. 만약 예상과 달리 상승하지 못한 채 하락했다면 어떻게 됐을까요? 이 종목은 손실가격이 정해져 있었습니다. 2%의 손실이 났다고 해봅시다. 먹으면 몇백만 원이고, 잃으면 2십만 원이면 해볼 만하지 않겠어요? 다섯 번 매매해서 한 번만 성공해도 큰 수익입니다. 하지만 대부분의 개인투자자들은 하다가 그만둡니다. 몇 번 해보고 안 되면 그만두니 성공할 리가 없죠. 본인이 노력도 안 하고 안 된다고 하면 제가 아무리 떠들어도 안 되는 것이죠.

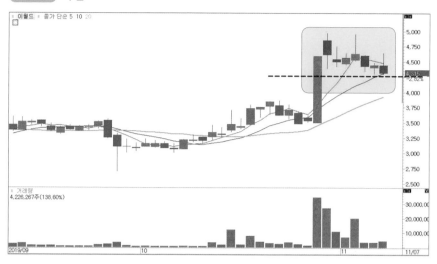

이 종목은 캔들이 10일선에 걸려 있습니다. 그러나 음봉이기 때문에 반등 가능성도 있지만 추가 하락 가능성도 높습니다. 이런 건 앞에서 배운 방법들에 숙달되면 연습하세요.

차트 17은 주가가 바닥에서 천천히 상승하다가 하락하는가 싶더니 느닷없이 상한가가 나옵니다. 다음 날 주가가 갭상승으로 출발하여 상승하는가 싶더니 바로 밀려 내려옵니다. '양음'까지는 만들어졌지요? 하지만 다음 날 양봉이 만들어지지 않고 주가가 조정을 받습니다. 며칠간은 상한가의 몸통을 지지해주더니 밀려 내려옵니다. 대부분의 사람들은 '이대로 끝났구나' 싶어 이 종목을 버리게 됩니다. 앞에서 이평선 지지에 대해 배울 때 여러 매도방법 중 5일선이 꺾이면 매도하라고 했습니다. 그런데 우리는 매도할 물량이 없잖아요? 주식 보유자가 매도하는 것이고, 물량이 없는 상태의 투자자는 이럴 때 매수타이밍을 노리는 겁니다.

아무 종목이나 지지되는 것을 기다려서는 안 됩니다. 먼저 상한가나 강한 장대양봉이 나와야 합니다. 그리고 저점에서 막 출발한 종목이어야 합니다. 고점이거나 약한 상승 종목을 가지고 매매하면 안 됩니다. 이 종목은 주가가 하락하는데 10일선에서 딱 지지가 됩니다. 20일선까지는 거리가 멀죠. 먼저 10일선에 붙어 있으니 여기서 공략해보는 것이죠. 10일선이 무너지면 다음은 20일선을 공략합니다. 하지만 자세히 보세요. 10일선에 붙은 캔들이 양봉이 아니고 음봉입니다. 이럴 때는 선취매보다 장중에 거래량이 터지고 주가가 상승하면 따라붙는 매매가 좋습니다.

차트18 이월드

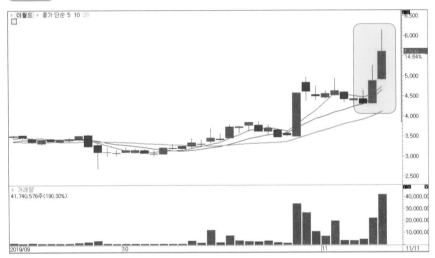

많은 투자자들이 실전투자로 시행착오를 거칩니다. 하지만 반드시 연습을 통해 시행착오를 거친 후 매매에 나서야 소중한 투자금액을 지킬 수 있습니다.

차트 18을 보면 10일선 지지 다음 날 최고 21%까지 상승한 양봉이 나왔고, 그다음 날은 최고 25% 상승이 나왔습니다. 단기매매라면 충분히 접근 가능한 종목이었습니다. 계좌에 돈이 쌓이는 소리가 들리나요?

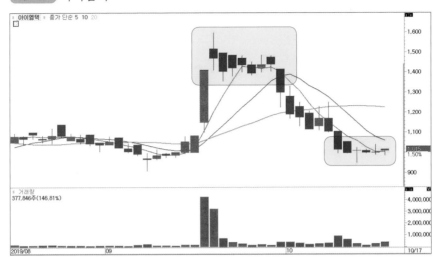

 상한가 이후 한 달 넘게 주가가 하락합니다.
이쯤 되면 누구나 관심종목에서 지워버렸을 겁니다.
다들 포기했을 때 의외로 수익을 낼 수 있는 자리가 나오기도 합니다.

차트 19는 상한가가 나왔습니다. 그리고 다음 날 갭상승 음봉이 나오더니 추가 상승하지 못하고 옆으로 횡보합니다. 그런데 세력이 주가를 관리한다고 보기에는 모습이 좋지 않습니다. 그렇게 생각하는 이유를 발견했나요? 보세요. 음봉이 몰려 있습니다. 양봉은 딱 하나인데 그것도 상승에 실패하고 다음 날 다시 음봉이 나옵니다. 결과적으로 주가가 상승하지 못하고 하락합니다. 상한가로 상승한 것을 다 까먹었습니다.

주가가 제자리로 돌아오고 난 후 주가가 또 옆으로 횡보합니다. 주가 변동이 거의 없어요. 단기세력이 들어오기 딱 좋은 모습입니다. 누구나 포기하는 자리에서 차트가 만들어진다면 노려볼 만합니다. 의외의 상승이 나올 수도 있습니다.

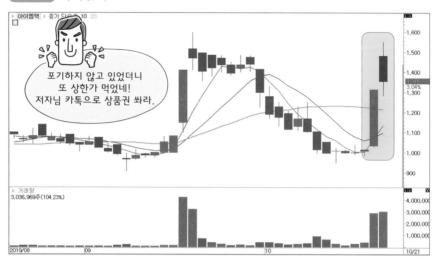

차트 20을 보니 다시 상한가가 나왔습니다. 다음 날 갭상승으로 출발하여 이 종목을 포기하지 않고 있다 매수에 성공한 투자자에게 수익을 안겨주었습니다.

상한가가 나온 이후 주가가 상승하지 않거나 이 종목처럼 조정이 긴 종목도 있습니다. 그러니 매일 관찰할 필요는 없습니다. 다른 종목을 보고 있다가 매수 급소 자리가 나오면 그때 관찰해도 충분합니다. 모든 종목에서 수익을 낼 수는 없습니다. 10종목을 보고 있다가 1종목에서 수익을 내면 냅니다. 무리한 욕심을 버리고 꾸준히 연습하고 관찰한다면 독자 여러분도 수익을 내는 투자자가 될 수 있습니다. 초보에서 수익을 올리는 투자자가 될 때까지 노력합니다. 독자 중에 성공투자자가 나와서 기분 좋게 피자 한 판 얻어먹을 수 있길 바랍니다.

부록

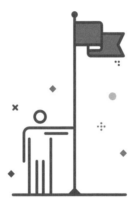

연습만이 살길이다!
종목별 실전
투자분석 & 연습문제

복습 01 디케이디앤아이

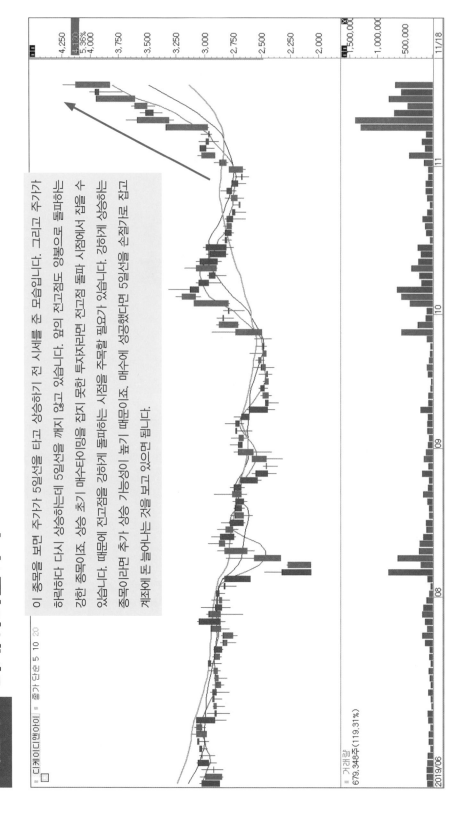

이 종목을 보면 주가가 5일선을 타고 상승하기 전 시세를 준 모습입니다. 그리고 주가가 하락하다 다시 상승하는데 5일선을 깨지 않고 있습니다. 앞의 전고점도 양봉으로 돌파하는 강한 종목이죠. 상승 초기 매수타이밍을 잡지 못한 투자자라면 전고점 돌파 시점에서 잡을 수 있습니다. 때문에 전고점을 강하게 돌파하는 시점을 주목할 필요가 있습니다. 강하게 상승하는 종목이라면 주가 상승 가능성이 높기 때문이죠. 매수에 성공했다면 5일선을 손절가로 잡고 개좌에 돈 늘어나는 것을 보고 있으면 됩니다.

복습 02 쌍용정보통신

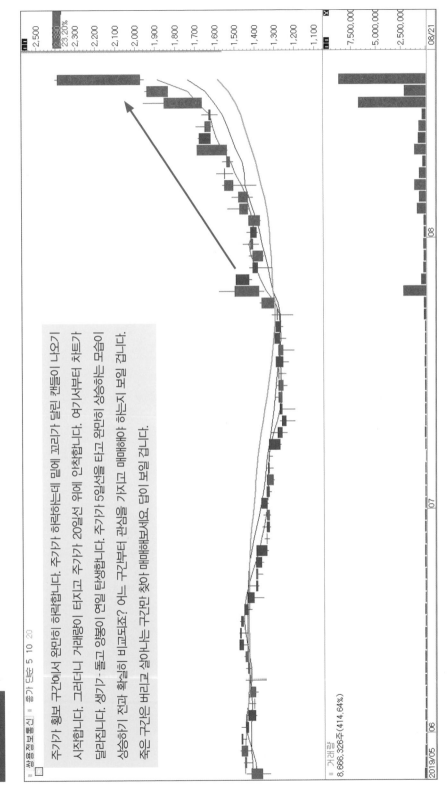

■ 쌍용정보통신 ▮ 종가 단순 5 10 20

주가가 홍보 구간에서 완만히 하락합니다. 주가가 하락하는데 밑에 꼬리가 달린 캔들이 나오기 시작합니다. 그러더니 거래량이 터지고 주가가 20일선 위에 안착합니다. 여기서부터 차트가 달라집니다. 생기가 돌고 양봉이 연일 탄생합니다. 주가가 5일선을 타고 왼만히 상승하는 모습이 상승하기 전과 확실히 비교되죠? 어느 구간부터 관심을 가지고 매매해야 하는지 보일 겁니다.

죽은 구간은 버리고 살아나는 구간만 찾아 매매해보세요. 답이 보일 겁니다.

거래량
8,666,326주 (414.64%)

2019/05   06   07   08   08/21

복습 03 솔리드

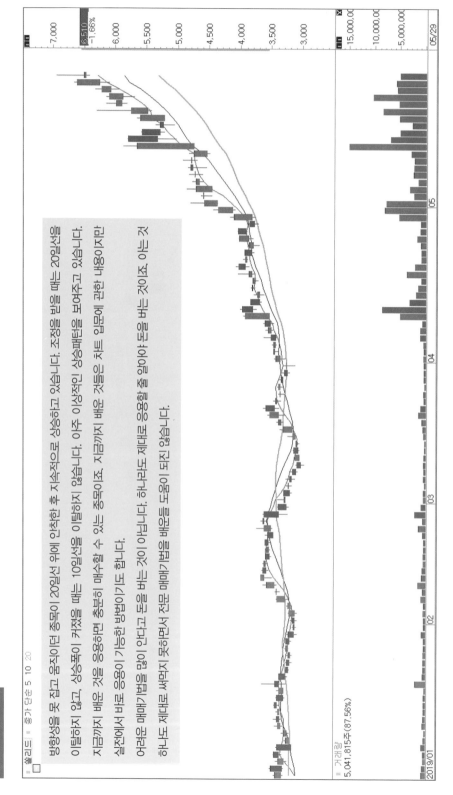

솔리드 ▪ 종가 단순 5 10 20

방향성을 못 잡고 움직이던 종목이 20일선 위에 안착한 후 지속적으로 상승하고 있습니다. 조정을 받을 때는 20일선을 이탈하지 않고, 상승폭이 커졌을 때는 10일선을 이탈하지 않습니다. 이주 이상적인 상승패턴을 보여주고 있습니다. 지금까지 배운 것을 응용하면 종목히 매수할 수 있는 종목이죠. 지금까지 배운 것들은 차트 입문에 관한 내용이지만 실전에서 바로 응용이 가능한 방법이기도 합니다.

어려운 매매기법을 많이 안다고 돈을 버는 것이 아닙니다. 하나라도 제대로 응용할 줄 알아야 돈을 버는 것이죠. 아는 것 하나도 제대로 써먹지 못하면서 전문 매매기법을 배우는 도움이 되진 않습니다.

거래량
5,041,815주(87.56%)

6,510
-1.66%

7,000
6,000
5,500
5,000
4,500
4,000
3,500
3,000

15,000,00
10,000,00
5,000,000

2019/01   02   03   04   05   05/29

복습 04 이더블유케이

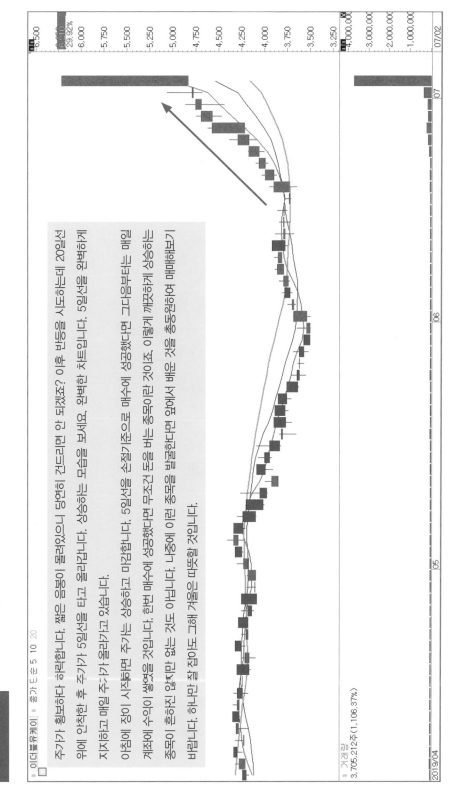

■ 이더블유케이 | ■ 종가 단순 5 10 20

주가가 횡보하다 하락합니다. 짧은 음봉이 몰려있으니 당연히 건드리면 안 되겠죠? 이후 반등을 시도하는데 20일선 위에 안착한 후 주가가 5일선을 타고 올라갑니다. 상승하는 모습을 보세요. 완벽한 차트입니다. 5일선을 완벽하게 지지하고 매일 주가가 올라가고 있습니다.

이쯤에 장이 시작하면 주가는 상승하고 마감합니다. 5일선을 손절기준으로 매수에 성공했다면 그다음부터는 매일 계좌에 수익이 쌓여갈 것입니다. 한번 매수에 성공했다면 무조건 들고 바는 종목이란 것이죠. 이렇게 깨끗하게 상승하는 종목이 흔하진 않지만 없는 것도 아닙니다. 나중에 이런 종목을 발굴한다면 앞에서 배운 것을 총동원하여 매매해보기 바랍니다. 하나만 잘 잡아도 그해 겨울은 따뜻할 것입니다.

■ 거래량
3,705,212주(1,106.37%)

6,500
6,210
29.92%
6,000
5,750
5,500
5,250
5,000
4,750
4,500
4,250
4,000
3,750
3,500
3,250

4,000,000
3,000,000
2,000,000
1,000,000

2019/04   05   06   07/02   07

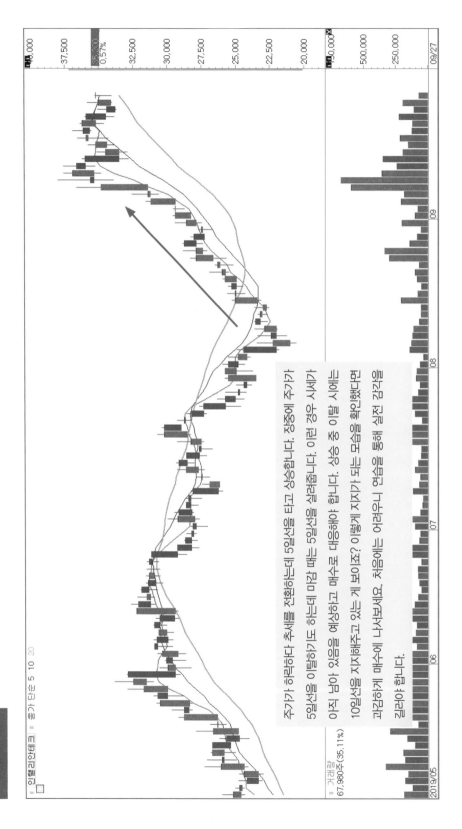

주가가 하락하다 추세를 전환하는데 5일선을 타고 상승합니다. 장중에 주가가 5일선을 이탈하기도 하는데 마감 때는 5일선을 살려줍니다. 이런 경우 시세가 아직 남아 있음을 예상하고 매수로 대응해야 합니다. 상승 중 이탈 시에는 10일선을 지지해주고 있는 게 보이죠? 이렇게 지지가 되는 모습을 확인했다면 과감하게 매수에 나서보세요. 처음에는 어려우니 연습을 통해 실전 감각을 길러야 합니다.

거래량
67,980주(35.11%)

복습 06 넥스트사이언스

넥스트사이언스 ∎ 종가 단순 5 10 20

이 종목은 주가가 조정을 받아 20일선을 깨지 않고 반등합니다.

그리고 다시 2일 연속 상승하고 하락합니다. 차트를 보세요.

주가가 하락하는 게 20일선을 깨지 않고 20일선 부근에서

반등을 합니다. 그리고 저점이 점점 높아지고 있습니다. 이럴

경우 세력의 매집으로 봐야 합니다. 세력이 물량 매집을 하고

있는 중인 것이죠. 자신들이 원하는 물량을 충분히 매집한

후 주가를 끌어올리겠다는 신호입니다. 결과를 보세요. 크게

상승하죠? 이런 경우 여러 가지 방법으로 접근할 수 있지만

초보들은 일단 20일선을 기준으로 매수하는 방법이 좋습니다.

차트를 보면 주가가 완만히 상승합니다. 그러다

거래량이 터지면서 강하게 상승하지만, 결국 양봉

2개로 마감하고 하락합니다. 주가 상승하지 못하고

하락하면 실망 매물이 나오게 됩니다. 하지만 악재가

없는 이상 완만히 하락하는데, 상승에 들어왔던

세력이 아직 남아 있기 때문입니다.

거래량
25,869,141주(107.23%)

복습 07 아나패스

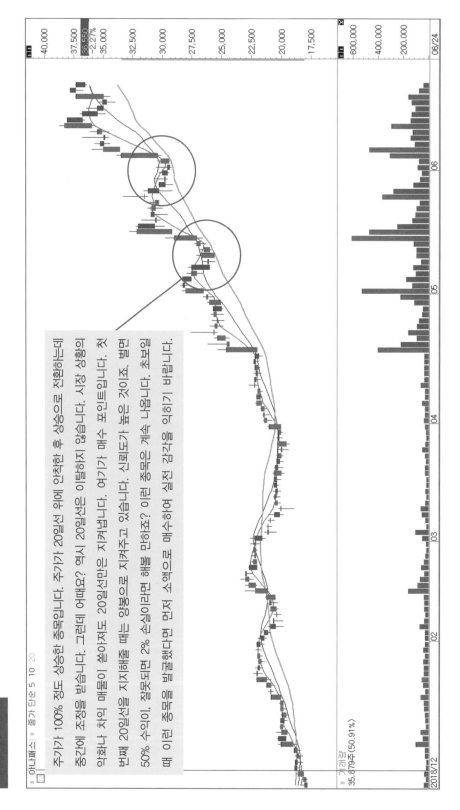

주가가 100% 정도 상승한 종목입니다. 주가가 20일선 위에 안착한 후 상승으로 전환하는데 중간에 조정을 받습니다. 그런데 어때요? 역시 20일선은 이탈하지 않습니다. 시장 상황이 악화되나 차익 매물이 쏟아져도 20일선만은 지켜냅니다. 여기가 매수 포인트입니다. 첫 번째 20일선을 매는 양봉으로 지켜주고 있습니다. 신뢰도가 높은 것이죠. 반면 50% 수익이, 잘못되면 2% 손실이라면 해볼 만하죠? 이런 종목은 계속 나옵니다. 조보일 때 이런 종목을 발굴했다면 먼저 소액으로 매수하여 실전 감각을 익히기 바랍니다.

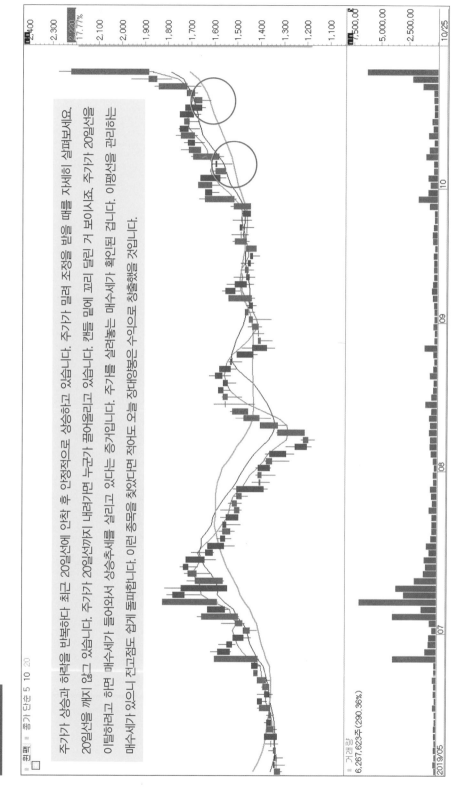

주가가 상승과 하락을 반복하다 최근 20일선에 안착 후 안정적으로 상승하고 있습니다. 주가가 밀려 조정을 받을 때를 자세히 살펴보세요. 20일선을 깨지 않고 있습니다. 주가가 20일선까지 내려가면 누군가 꼬리를 꿈아올리고 있습니다. 캔들 밑에 꼬리 달린 거 보이시죠. 주가가 20일선을 이탈하려고 하면 매수세가 들어와서 상승추세를 살리고 있다는 증거입니다. 주가를 살려놓는 매수세가 확인된 겁니다. 이평선을 관리하는 매수세가 있으니 진고점도 쉽게 돌파합니다. 이런 종목을 놓치면 적어도 오늘 장대양봉은 수익으로 정충했을 것입니다.

복습 09 파인테크닉스

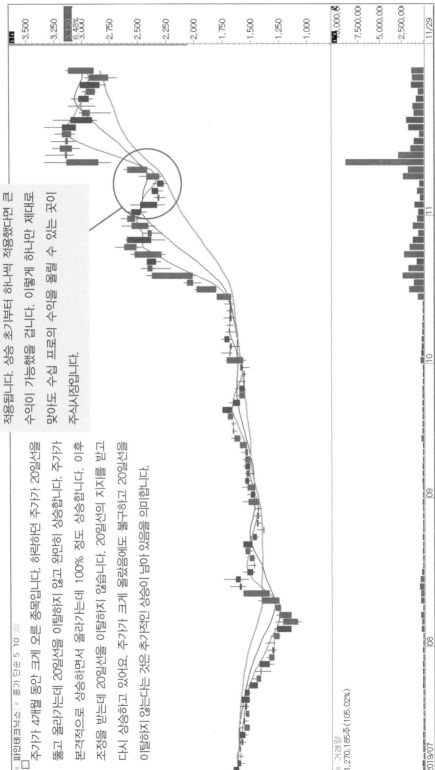

■ 파인테크닉스 ■ 종가 단순 5 10 20

□ 주가가 4개월 동안 크게 오른 종목입니다. 하락하던 주가가 20일선을
뚫고 올라가는데 20일선을 이탈하지 않고 완만히 상승합니다. 주가가
본격적으로 상승하면서 올라가는데 100% 정도 상승합니다. 이후
조정을 받는데 20일선을 이탈하지 않습니다. 20일선의 지지를 받고
다시 상승하고 있어요. 주가가 크게 올랐음에도 붕구하고 20일선을
이탈하지 않는다는 것은 주가적인 상승이 남아 있음을 의미합니다.

이 종목은 상승 추세이기 때문에 재상승 가능성이
높습니다. 상승 과정을 보니 우리가 배운 것이 모두
적용됩니다. 상승 초기부터 하나씩 적용했다면 큰
수익이 가능했을 겁니다. 이렇게 하나만 제대로
맞아도 수십 프로의 수익을 올릴 수 있는 곳이
주식시장입니다.

거래량
1,270,185주(105.02%)

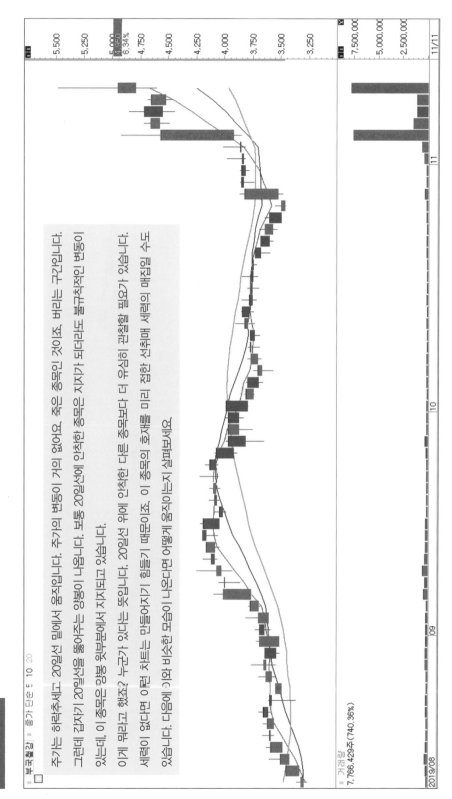

■ 부국철강 ■ 종가 단순 5 10 20

주가는 하락추세고 20일선 밑에서 움직입니다. 주가의 변동이 거의 없어요. 죽은 종목인 것이죠. 버리는 구간입니다.

그런데 갑자기 20일선을 뚫어주는 양봉이 나옵니다. 보통 20일선에 안착한 종목은 지지가 되더라도 불규칙적인 변동이 있는데, 이 종목은 양봉 윗부분에서 지지되고 있습니다.

이게 뭐라고 했죠? 누군가 있다는 뜻입니다. 20일선 위에 안착한 다른 종목보다 더 유심히 관찰할 필요가 있습니다.

세력이 없다면 이런 차트는 만들어지기 힘들기 때문이죠. 이 종목의 호재를 미리 접한 선취매 세력의 매점일 수도 있습니다. 다음에 기와 비슷한 모습이 나온다면 어떻게 움직이는지 살펴보세요.

5,500
5,250
5,000
4,950
6.34%
4,750
4,500
4,250
4,000
3,750
3,500
3,250

7,500,000
5,000,000
2,500,000

거래량
7,766,429주(740.36%)

2019/08　　09　　10　　11　　11/11

복습 11 신스타임즈

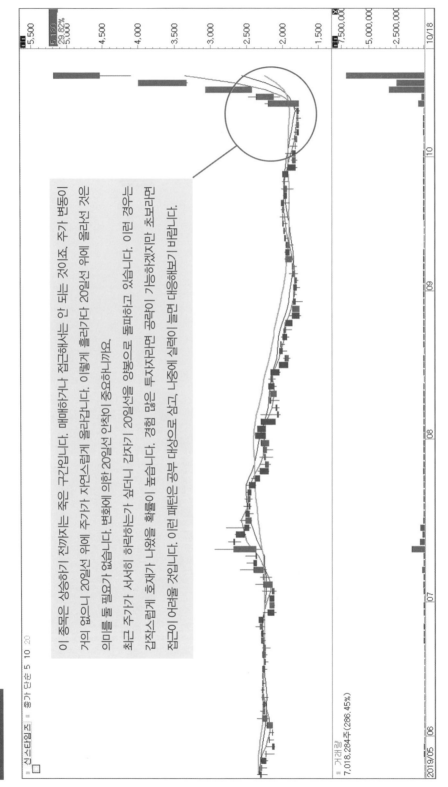

■ 신스타임즈 ■ 종가 단순 5 10 20

이 종목은 상승하기 전까지는 죽은 구간입니다. 매매하거나 접근해서는 안 되는 주가 변동이 거의 없으니 20일선 위에 주가가 자연스럽게 올라옵니다. 이렇게 올라가다 20일선 위에 올라선 것은 이미를 돌 필요가 없습니다. 변화에 의한 양한 20일선 안쪽이 중요하니까요.

최근 주가가 서서히 하락하는가 싶다니 20일선을 양봉으로 돌파하고 있습니다. 이런 경우는 갑작스럽게 호재가 나왔을 확률이 높습니다. 경험 많은 투자자라면 공략이 가능하겠지만 조보라면 접근이 어려울 것입니다. 이런 패턴은 공부 대상으로 삼고, 나중에 실력이 늘면 대응해보기 바랍니다.

■ 거래량
7,018,284주(286.45%)

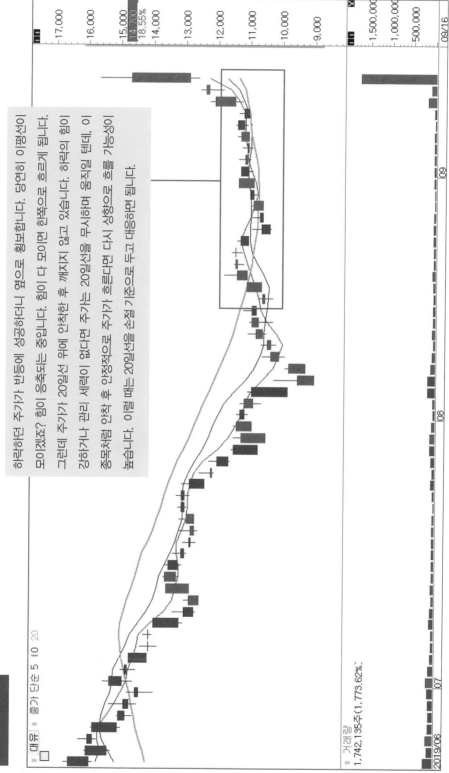

복습 12 대우

하락하던 주가가 반등에 성공하더니 옆으로 횡보합니다. 당연히 이평선이 모이겠죠? 힘이 응축되는 중입니다. 힘이 다 모이면 한쪽으로 흐르게 됩니다. 그런데 주가가 20일선 위에 안착한 후 깨지지 않고 있습니다. 하락의 힘이 강하거나 관리 세력이 없다면 주가는 20일선을 무시하며 움직일 텐데, 이 종목처럼 안착 후 안정적으로 주가가 흐른다면 다시 상향으로 흐를 가능성이 높습니다. 이럴 때는 20일선을 손절 기준으로 두고 대응하면 됩니다.

복습 13 빅텍

주가가 방향성 없이 흐르고 있었는데, 최근에 주가가 하락한 후 모습이 담겨졌습니다. 단봉만 나오는데 주가가 서서히 올라가네요. 캔들을 보면 전부 양봉입니다. 시가보다 무조건 올라 마감합니다. 이렇게 양봉만 나오면서 주가가 서서히 올라가는 경우는 흔하지 않습니다. 개인투자자끼리 매매해서 이런 차트가 나올까요? 당연히 불가능합니다. 누군가 천천히 매집하는 것이죠. 이런 종목이 있다면 관심종목에 집어넣고 관찰해야 합니다. 계좌를 업그레이드시킬 종목이 될 수 있습니다.

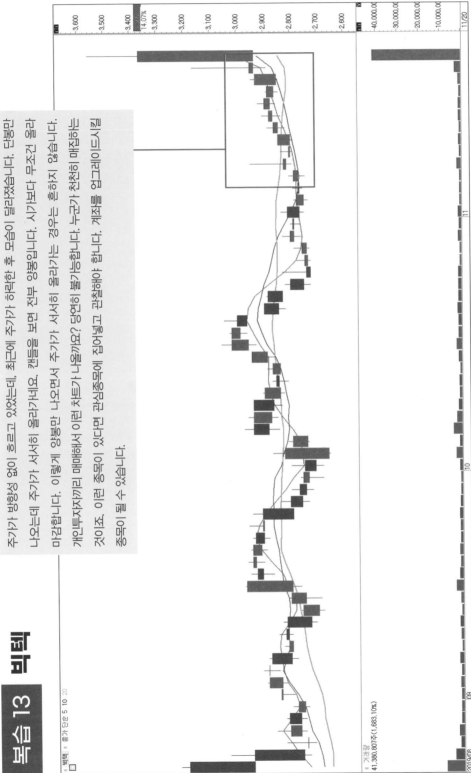

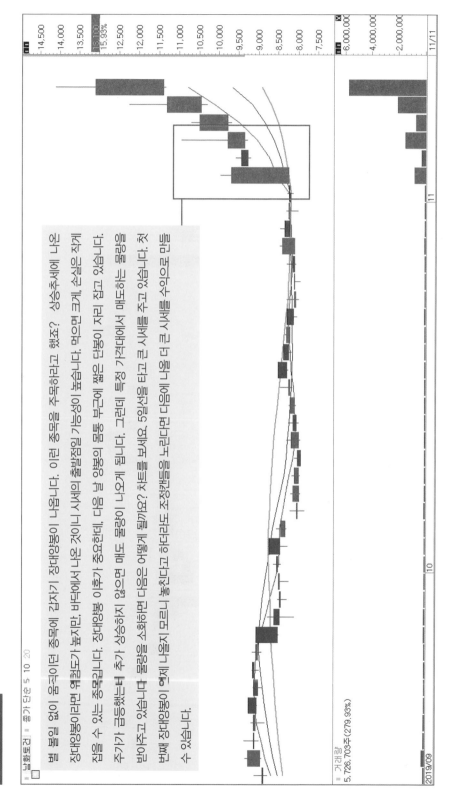

별 볼일 없이 움직이던 종목에 갑자기 장대양봉이 나옵니다. 이런 종목을 주목하라고 했죠? 상승추세에 나온 장대양봉이라면 위험도가 높지만, 바닥에서 나온 것이나 시세의 출발점일 가능성이 높습니다. 먹으면 크게, 손실은 작게

접을 수 있는 종목입니다. 장대양봉 이후가 중요한데, 다음 날 양봉이 몸통 부근에 짧은 단봉이 자리 잡고 있습니다.

주가가 급등했느냐 추가 상승하지 않으면 매도 물량이 나오게 됩니다. 그런데 특정 가격대에서 매도하는 물량을

받아주고 있습니다. 물량을 소화하면 다음은 어떻게 될까요? 차트를 보세요. 5일선을 타고 큰 시세를 주고 있습니다. 첫 번째 장대양봉이 언제 나올지 모르니 놓친다고 하더라도 조정캔들을 노린다면 다음에 나올 더 큰 시세를 수익으로 만들

수 있습니다.

복습 15 디알텍

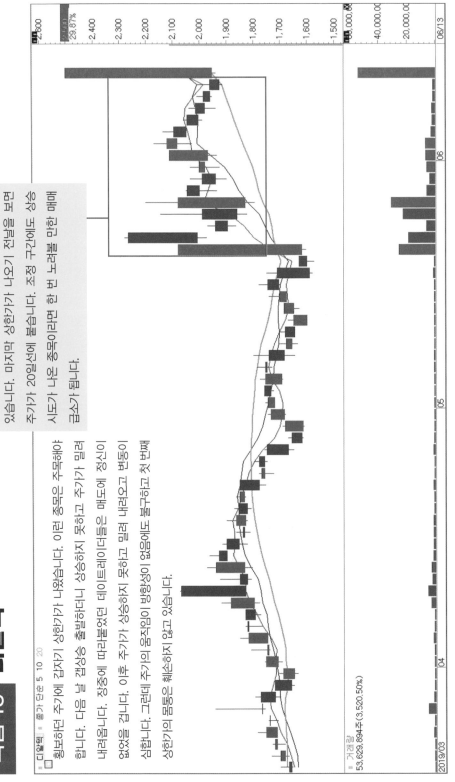

■ 디알텍 ■ 종가 단순 5 10 20

홀보하던 주가에 갑자기 상한가가 나왔습니다. 이런 종목은 주목해야 합니다. 다음 날 갭상승 출발하더니 상승하지 못하고 주가가 밀려 내려옵니다. 장중에 따라붙었던 데이트레이더들은 매도에 정신이 없었을 겁니다. 이후 주가가 상승하지 못하고 밀려 내려오고 변동이 심합니다. 그런데 주가의 움직임이 방향성이 없음에도 불구하고 첫 번째 상한가의 몸통은 훼손하지 않고 있습니다.

이걸로 아직 세력이 남아 있다고 판단할 수 있습니다. 마지막 상한가가 나오기 전날을 보면 주가가 20일선에 붙습니다. 조정 구간에도 상승 시도가 나온 종목이라면 한 번 노려볼 만한 매매 급소가 됩니다.

29.87%

2,600
2,400
2,300
2,200
2,100
2,000
1,900
1,800
1,700
1,600
1,500

60,000,00
40,000,00
20,000,00

■ 거래량
53,629,894주 (3,520.50%)

2019/03   04   05   06   06/13

복습 16 셀리버리

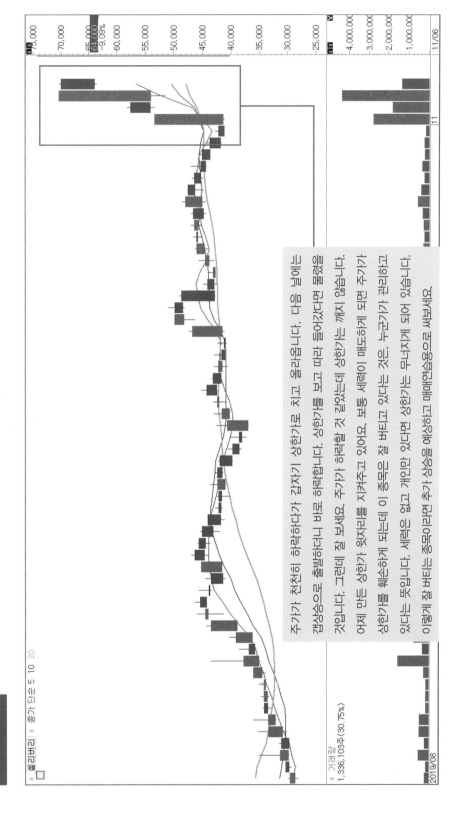

■ 셀리버리 ■ 종가 단순 5 10 20

■ 거래량
1,336,103주(30.75%)

75,000
70,000
65,000
64,000
-9.09%
60,000
55,000
50,000
45,000
40,000
35,000
30,000
25,000

4,000,000
3,000,000
2,000,000
1,000,000

2019/08   11   11/06

주가가 천천히 하락하다가 갑자기 상한가로 치고 올라옵니다. 다음 날에는 갭상승으로 출발하더니 바로 하락합니다. 상한가를 보고 따라 들어갔다면 물렸을 것입니다. 그런데 잘 보세요. 주가가 하락할 것 같았는데 상한가는 깨지 않았습니다. 어제 만든 상한가 윗자리를 지켜주고 있어요. 보통 세력이 매도하게 되면 주가가 상한가를 훼손하게 되는데 이 종목은 잘 버티고 있다는 것은, 누군가가 관리하고 있다는 뜻입니다. 세력은 없고 개인만 있다면 상한가는 무너지게 되어 있습니다. 이렇게 잘 버티는 종목이라면 주가 상승을 예상하고 매매연습용으로 써보세요.

복습 17 진바이오텍

하락하던 주가에 강한 장대양봉이 나옵니다. 그러더니 다음 날 장중에 주가를 크게 올리고 하락합니다. 세력이 고점에 물량을 정리하고 매도한 것으로 판단할 수 있습니다. 그런데 이 종목은 다음날 상한가로 주가를 올립니다. '양음양'이 나온 것이죠, 이런 종목은 '양음' 다음 날 매수세를 확인하고 진입하는 것이 좋습니다. 바로 따라 하기는 어렵습니다. 조정 패턴을 연구한 후 매매하기 바랍니다.

진바이오텍 ▪ 종가 단순 5 10 20

8,000
7,600
29.90%
7,500
7,000
6,500
6,000
5,500
5,000
4,500
4,000

거래량
17,227,077주(172.02%)

15,000,00
10,000,00
5,000,00

2019/09   10   11   11/01

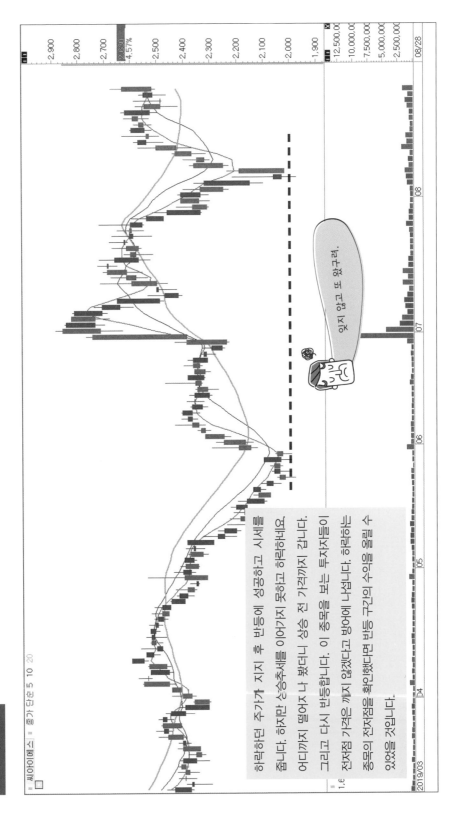

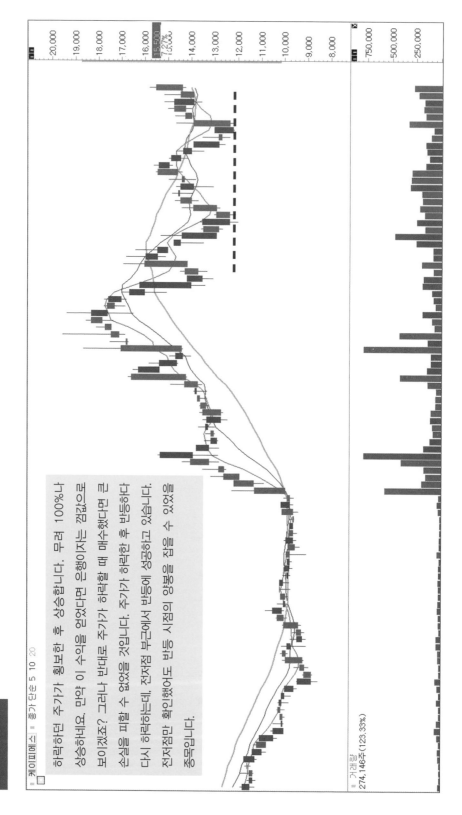

복습 19 케이피에스

하락하던 주가가 횡보한 후 상승합니다. 무려 100%나 상승하네요. 만약 이 수익을 얻었다면 은행이자는 껌값으로 보이겠죠? 그러나 반대로 주가가 하락할 때 매수했다면 큰 손실을 피할 수 없었을 것입니다. 주가가 하락한 후 반등하다 다시 하락하는데, 전저점 부근에서 반등에 성공하고 있습니다. 전저점만 확인했어도 반등 시점의 양봉을 잡을 수 있었을 종목입니다.

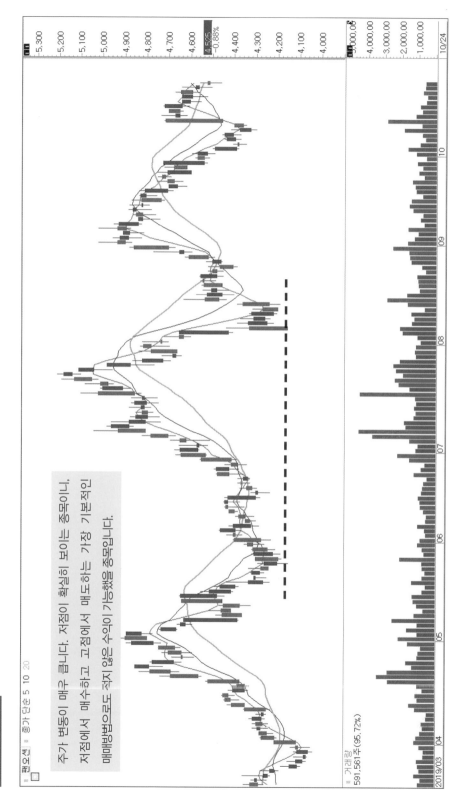

복습 20   팬오션

주가 변동이 매우 큽니다. 저점이 확실히 보이는 종목이니,
저점에서 매수하고 고점에서 매도하는 가장 기본적인
매매방법으로도 적지 않은 수익이 가능했을 종목입니다.

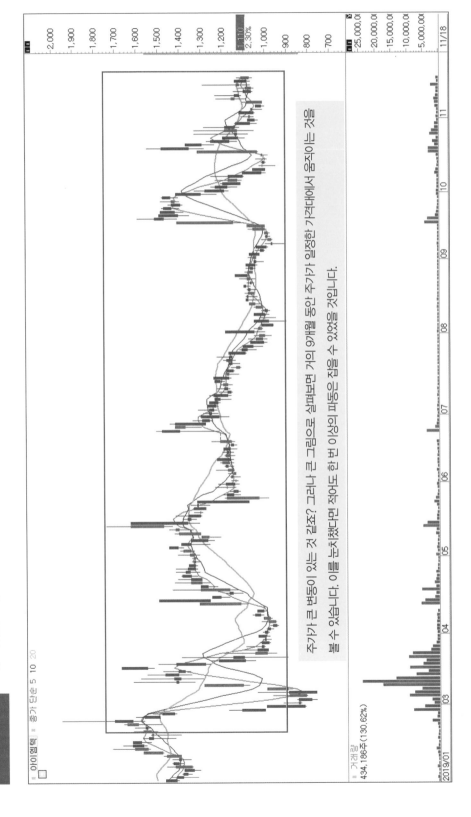

주가가 큰 변동이 있는 것 같죠? 그러나 큰 그림으로 살펴보면 거의 9개월 동안 주가가 일정한 가격대에서 움직이는 것을

볼 수 있습니다. 이를 눈치챘다면 적어도 한 번 이상의 파동은 잡을 수 있었을 것입니다.

복습 22 예스24

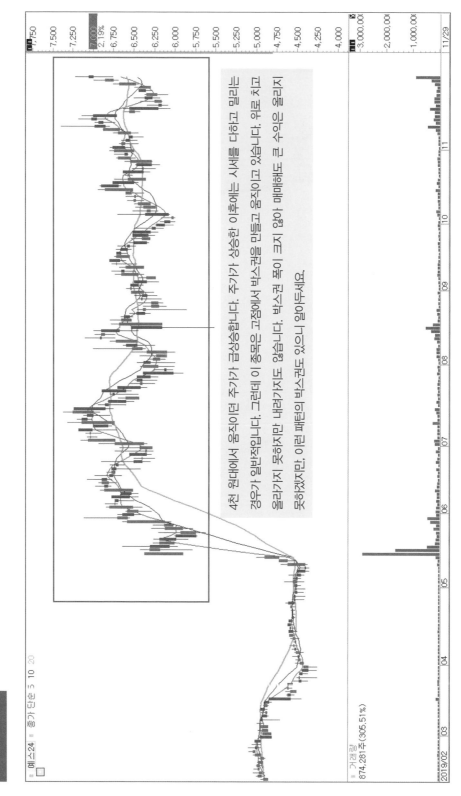

예스24 종가 단순 5 10 20

4천 원대에서 움직이던 주가가 급상승합니다. 주가가 상승한 이후에는 시세를 다하고 밀리는 경우가 일반적입니다. 그런데 이 종목은 고점에서 박스권을 만들고 움직이고 있습니다. 위로 치고 올라가지 못하지만 내려가지도 않습니다. 박스권 폭이 크지 않아 매매해도 큰 수익은 올리지 못하겠지만, 이런 패턴의 박스권도 있으니 알아두세요

거래량
874,281주(305.51%)

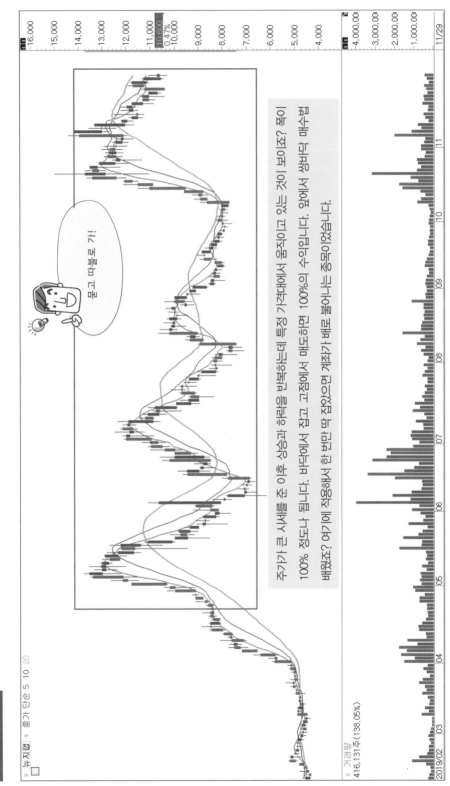

복습 24 글로텍

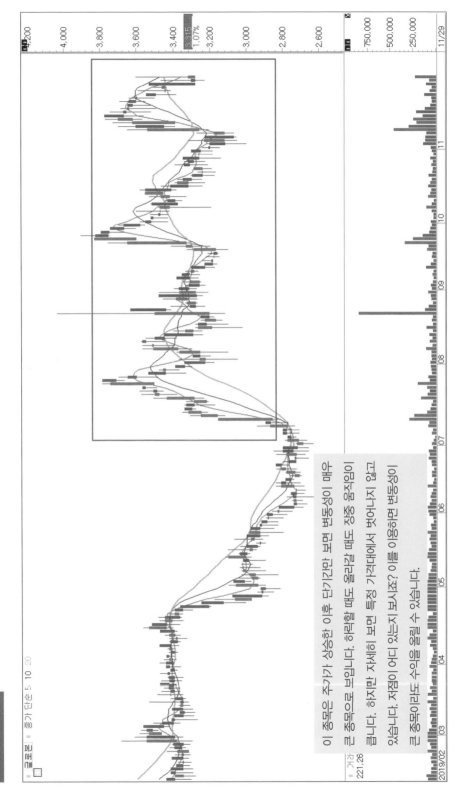

이 종목은 주가가 상승한 이후 단기간만 보면 변동성이 매우 큰 종목으로 보입니다. 하락할 때도 올라갈 때도 장중 음직임이 큽니다. 하지만 자세히 보면 특정 가격대에서 벗어나지 않고 있습니다. 저점이 어디 있는지 보시죠? 이들 이용하면 변동성이 큰 종목이라도 수익을 올릴 수 있습니다.

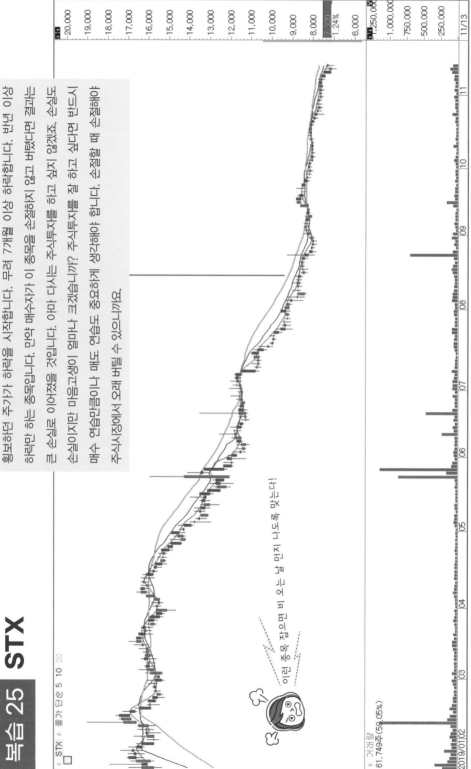

횡보하던 주가가 하락을 시작합니다. 무려 7개월 이상 하락합니다. 반년 이상 하락만 하는 종목입니다. 만약 매수자가 이 종목을 손절하지 않고 버텼다면 결과는 큰 손실로 이어졌을 것입니다. 아마 다시는 주식투자를 하고 싶지 싶지 않겠죠. 손실도 손실이지만 마음고생이 얼마나 크겠습니까? 주식투자를 잘 하고 싶다면 반드시 매수 연습만큼이나 매도 연습도 중요하게 생각해야 합니다. 손절할 때 손절해야 주식시장에서 오래 버틸 수 있으니까요.

이런 종목 잡으면 비 오는 날 먼지 나도록 맞는다!

STX중공업

새해 시작부터 주가가 하락하고 있습니다. 이 종목을 매수한 투자자나 기존 보유자는 새해부터 연말이 될 때까지 자신이 좋아하는 신기한 경험을 했을 것입니다. 손실 난 종목을 매도하지 않고 자신에게 물려준다고 망하면 안 됩니다.

수익이 난 종목을 가지고 그런 말을 해도 뭔가 말까인데 물려 있는 종목이라면 더 안 되는 것이죠. 나중에 '주식투자 절대로 하지 마라'라고 하지 않으려면 처음부터 제대로 배워야 합니다.

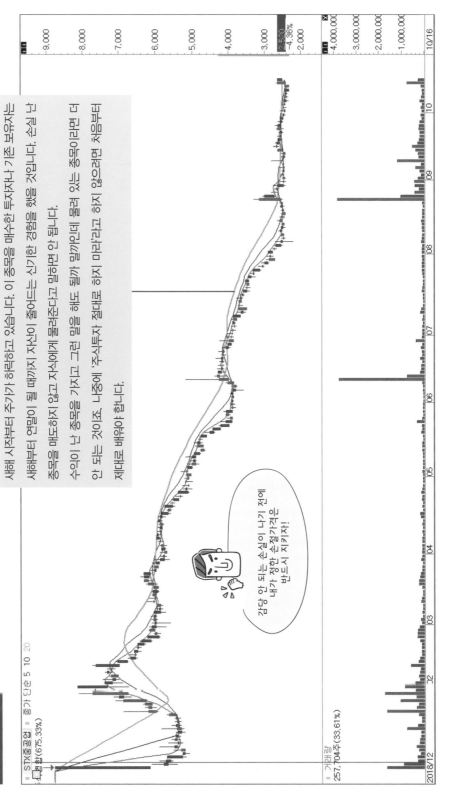

슈프리마

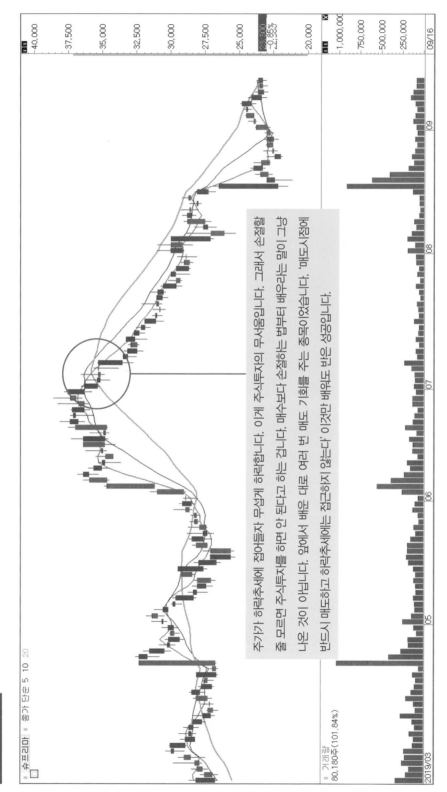

주가가 하락추세에 접어들자 무섭게 하락합니다. 이게 주식투자의 무서움입니다. 그래서 손절할 줄 모르면 주식투자를 하면 안 된다고 하는 겁니다. 매수보다 손절하는 법부터 배우라는 말이 그냥 나온 것이 아닙니다. 앞에서 배운 대로 여러 번 매도 기회를 주는 종목이었습니다. '매도시점에' 반드시 매도하고 하락추세에는 접근하지 않는다' 이것만 배워도 받은 성공입니다.

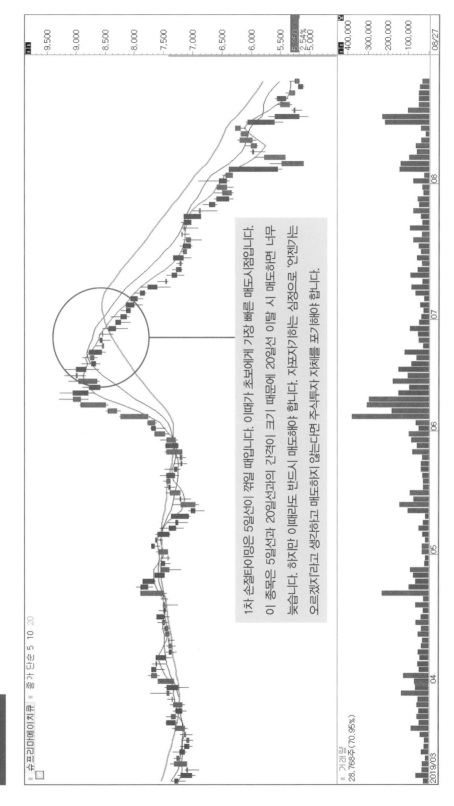

복습 28   **슈프리마에이치큐**

1차 손절타이밍은 5일선이 꺾일 때입니다. 이때가 초보에게 가장 빠른 매도시점입니다. 이 종목은 5일선과 20일선과의 간격이 크기 때문에 20일선 이탈 시 매도하면 너무 늦습니다. 하지만 이때라도 반드시 매도해야 합니다. 자포자기하는 심정으로 '언젠가는 오르겠지'라고 생각하고 매도하지 않는다면 주식투자 자체를 포기해야 합니다.

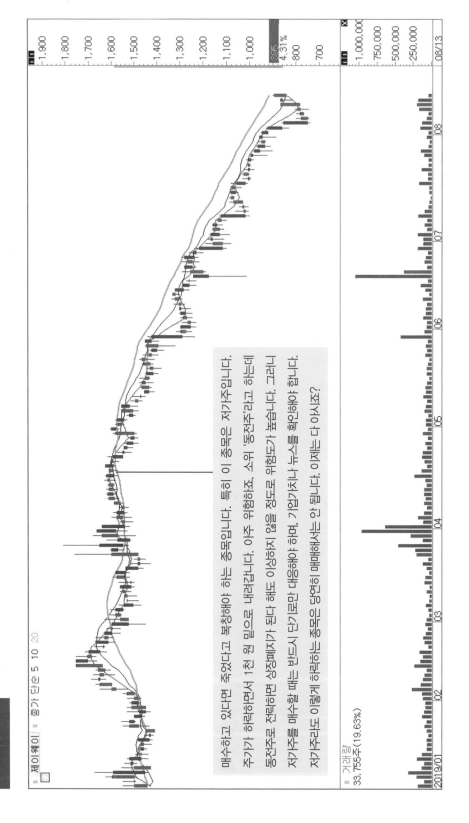

복습 29 제이웨이

■ 제이웨이 ■ 종가 단순 5 10 20

매수하고 있다면 죽었다고 복창해야 하는 종목입니다. 특히 이 종목은 저가주입니다. 주가가 하락하면서 1천 원 밑으로 내려갑니다. 아주 위험합니다. 소위 '동전주'라고 하는데 동전주로 전락하면 상장폐지가 된다 해도 이상하지 않을 정도로 위험도가 높습니다. 그러니 저가주를 매수할 때는 반드시 단기로만 대응해야 하며, 기업가치나 뉴스를 확인해야 합니다. 저가주라도 이렇게 하락하는 종목은 당연히 매매해서는 안 됩니다. 이제는 다 아시죠?

■ 거래량
33,755주(19.63%)

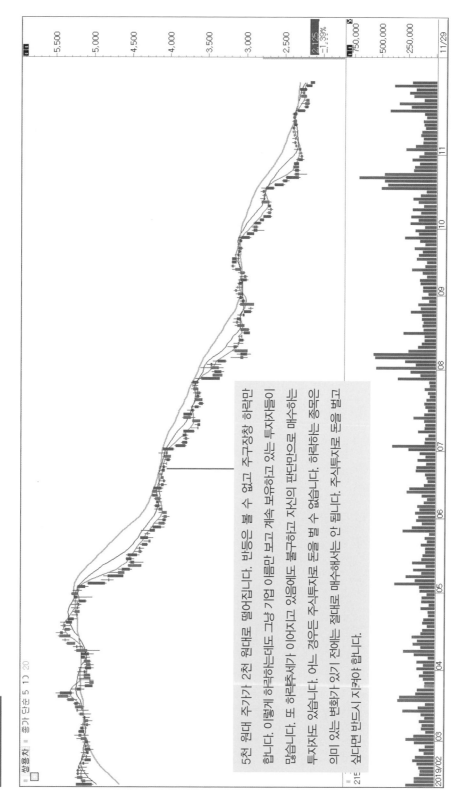

복습 30 쌍용차

5천 원대 주가가 2천 원대로 떨어집니다. 바닥은 볼 수 없고 주구장창 하락만 합니다. 이렇게 하락하는데도 그냥 기업 이름만 보고 계속 보유하고 있는 투자자들이 많습니다. 또 하락추세가 이어지고 있음에도 자신의 판단만으로 매수하는 투자자도 있습니다. 어느 경우든 주식투자로 돈을 벌 수 없습니다. 하락하는 종목은 이미 있는 변화가 있기 전에는 절대로 매수해서는 안 됩니다. 주식투자로 돈을 벌고 싶다면 반드시 지켜야 합니다.